中国古代节日

王俊 编著

中国商业出版社

图书在版编目（CIP）数据

中国古代节日／王俊编著． -- 北京：中国商业出版社，2014.12（2021.1 重印）

ISBN 978 - 7 - 5044 - 8595 - 3

Ⅰ．①中… Ⅱ．①王… Ⅲ．①节日 - 风俗习惯 - 中国 - 古代 Ⅳ．①K892.1

中国版本图书馆 CIP 数据核字（2014）第 299299 号

责任编辑：刘洪涛

中国商业出版社出版发行

010 - 63180647　www.c - cbook.com

（100053 北京广安门内报国寺 1 号）

新华书店经销

三河市吉祥印务有限公司印刷

*

710 毫米×1000 毫米　16 开　12.5 印张　200 千字

2015 年 1 月第 1 版　2021 年 1 月第 2 次印刷

定价：25.00 元

* * * *

（如有印装质量问题可更换）

《中国传统民俗文化》 编委

序　言

　　中国是举世闻名的文明古国,在漫长的历史发展过程中,勤劳智慧的中国人,创造了丰富多彩、绚丽多姿的文化,可以说人创造了文化,文化创造了人。这些经过锤炼和沉淀的古代传统文化,凝聚着华夏各族人民的性格、精神和智慧,是中华民族相互认同的标志和纽带,在人类文化的百花园中摇曳生姿,展现着自己独特的风采,对人类文化的多样性发展作出了巨大贡献。中国传统民俗文化内容广博,风格独特,深深地吸引着世界人民的眼光。

　　正因如此,我们必须深入学习贯彻党的十八届三中全会精神,按照中央的要求,加强文化建设。2006 年 5 月,时任浙江省委书记习近平同志就已提出:"文化通过传承为社会进步发挥基础作用,文化会促进或制约经济乃至整个社会的发展。"又说,"文化的力量最终可以转化为物质的力量,文化的软实力最终可以转化为经济的硬实力"。(《浙江文化研究工程成果文库总序》)2014 年他去山东考察时,再次强调:中华民族伟大复兴,需要以中华文化发展繁荣为条件。

　　学习习近平同志的重要讲话,确可体会到,在政治、经济、军事、社会和自然要素之中,文化是协调各个要素协同发展、相关耦合的关键。正因如此,我们应该对华夏民族文化进行广阔、全面的检视。我们应该唤醒我们民族的集体记忆,复兴我们民族的伟大精神,发展和繁荣中华民族的优秀文化,为我们民族在强国之路上阔步前行创设先决条件。

实现民族文化的复兴,必须传承中华文化的优秀传统。现代的中国人,特别是年轻人,对传统文化十分感兴趣,蕴含感情。但当下也有人对具体典籍、历史事实不甚了解。比如,中国是书法大国,谈起书法,有些人或许只知道些书法大家如王羲之、柳公权等的名字,知道《兰亭集序》是千古书法珍品,仅此而已。再如,我们都知道中国是闻名于世的瓷器大国,中国的瓷器令西方人叹为观止,中国也因此获得了"瓷器之国"(英语 china 的另一义即为瓷器)的美誉。然而关于瓷器的由来、形制的演变、纹饰的演化、烧制等瓷器文化的内涵,就知之甚少了。中国还是武术大国,然而国人的武术知识,或许更多来源于一部部精彩的武侠影视作品,对于真正的武术文化,我们就难以窥其堂奥了。我国还是崇尚玉文化的国度,我们的祖先发现了这种"温润而有光泽的美石",并赋予了这种冰冷的自然物以鲜活的生命力和文化性格,如"君子当温润如玉",女子应"冰清玉洁""守身如玉";"玉有五德",即"仁""义""智""勇""洁"等。今天,熟悉这些玉文化内涵的国人,也为数不多了。

　　也许正有鉴于此,有忧于此,近年来,已有不少有志之士,开始了复兴中国传统文化的努力之路,读经热开始风靡海峡两岸,不少孩童乃至成人,开始重拾经典,在故纸旧书中品味古人的智慧,发现古文化历久弥新的魅力。电视讲坛里一拨又一拨对古文化的讲述,也吸引着数以万计的人,重新审视古文化的价值。现在放在读者面前的这套"中国传统民俗文化"丛书,也是这一努力的又一体现。我们现在确实应注重研究成果的学术价值和应用价值,充分发挥其认识世界、传承文化、创新理论、咨政育人的重要作用。

　　中国的传统文化内容博大,体系庞杂,该如何下手,如何呈现?这套丛书处理得可谓系统性强,别具心思。编者分别按物质文化、制度文化、精神文化等方面来分门别类地进行组织编写,例如在物质文化层面,就有中国古代酒具、中国古代农具、中国古代青铜器、中国古代钱币、中国古代石刻、中国古代木雕、中国古代建筑、中国古代砖瓦、中国古代玉器、中国古代陶器、中国古代漆器、中国古代桥梁等；在精神文化层面，就有中国古代书法、中国古代绘画、中国古代音乐、中国古代艺术、中国古代篆刻、中国古代家训、中国古代戏曲、中国古代版画等；在制度文化层面，就有中国古代科举、中国古代官制、中国古代教育、中国古代军队、中国古代法律等。

此外，在历史的发展长河中，中国各行各业还涌现出一大批杰出人物，至今闪耀着夺目的光辉，以启迪后人，示范来者。对此，这套丛书也给予了应有的重视，中国古代名将、中国古代名相、中国古代名帝、中国古代文人、中国古代高僧等，就是这方面的体现。

生活在21世纪的我们，或许对古人的生活颇感兴趣，他们的吃穿住用如何？如何过节？如何安排婚丧嫁娶？如何交通出行？孩子如何玩耍等。这些饶有兴趣的内容，这套"中国传统民俗文化丛书"都有所涉猎，如中国古代婚姻、中国古代丧葬、中国古代节日、中国古代风俗、中国古代礼仪、中国古代饮食、中国古代交通、中国古代家具、中国古代玩具、中国古代鞋帽等，这些书籍介绍的都是人们颇感兴趣，平时却无从知晓的内容。

在经济生活层面，这套丛书安排了中国古代农业、中国古代纺织、中国古代经济、中国古代贸易、中国古代水利、中国古代车马、中国古代赋税等内容，足以勾勒出古代人经济生活的主要内容，让今人得以窥见自己祖先的经济生活情状。

在物质遗存方面，这套丛书则选择了中国古镇、中国古楼、中国古寺、中国古陵墓、中国古塔、中国古战场、中国古村落、中国古街、中国古代宫殿、中国古代城墙、中国古关等内容。相信读罢这些书，喜欢中国古代物质遗存的读者，已经能掌握这一领域的大多数知识了。

除了上述内容外，其实还有很多难以归类却饶有兴趣的内容，如中国古代乞丐这样的社会史内容,也许有助于我们深入了解这些古代社会底层民众的真实生活情状,走出武侠小说家加诸在他们身上的虚幻的丐帮色彩,还原他们的本来面目,加深我们对历史真实性的了解。继承和发扬中华民族几千年创造的优秀文化和民族精神是我们责无旁贷的历史责任。

不难看出,单就内容所涵盖的范围广度来说,有物质遗产,有非物质遗产,还有国粹。这套丛书无疑当得起"中国传统文化的百科全书"的美誉了。这套丛书还邀约了大批相关的专家、教授参与并指导了稿件的编写工作。应当指出的是,这套丛书在写作过程中,既钩稽、爬梳大量古代文化文献典籍,又参照近人与今人的研究成果,将宏观把握与微观考察相结合。在论述、阐释中,既注意重点突出,又着重于论证层次清晰,从多角度、多层面对文化现象与发展加以考察。这套丛书的出版,有助于我们走进古人的世界,了解他们的美好生活,去回望我们来时的路。学史使人明智,历史的回眸,有助于我们汲取古人的智慧,借历史的明灯,照亮未来的路,为我们中华民族的伟大崛起添砖加瓦。

是为序。

傅璇琮

2014 年 2 月 8 日

前　言

　　中国是一个文明古国。各民族人民在历史的长河中创造了光辉灿烂的文化，留下许多文化精品，成为人类文化宝库中的一部分。其中的节日文化，不仅为科学研究保存了珍贵的史料，其本身就是一部活生生的节日风俗史，它是中华民族文化发展的标志，至今还有不少传统节日为人民群众所信守，在现实生活中显示着活力，牵动着亿万人民的心。认真整理、研究中国的节日文化，移风易俗，吸取精华，摒弃糟粕，对弘扬中华民族的传统文化、建设社会主义精神文明、进行爱国主义教育、提高民族自尊心和自信心，都有重要的意义。

　　千百年来华夏各民族人民，在我们这个光荣而又古老的国度里繁衍、生息、劳动、创造。在发展生产和日常生活中逐渐形成的各种风俗习惯，凝聚着历代人们对美好事物的追求与向往，激励着人们对生活的热爱，代表着中华民族文明教化的水平。那十五的花灯、端阳的粽子；那轻歌曼舞的霓裳羽衣、弹筝搏缶的下里巴人；那雕梁画栋的亭台楼阁，曲径通幽的山水园林；那争奇斗艳的文人书画，繁花似锦的民间艺术。更有那尊老爱幼的美德，谦逊辞让的风范，舍身取义的习尚，精忠报国的传统……它们像锦上之花，使中国历史的画卷显得那样丰富多彩，充满活力；又像色彩斑斓的彩带，把我们民族的生活装点得绚丽多姿、格外美好。它使我们骄傲自豪，鼓舞我们奋发向上，不断前进。

历史是割不断的。许多古老的习俗仍然在现实社会的生活中产生重要作用。当中国向现代化的目标迈进时，怎样继承古代风俗中的精华，剔除其封建糟粕，在传统文化的基地上，建立社会主义新的文化格局，是一个摆在我们面前的与物质生产同等重要的任务。

中国多姿多彩的节日文化可归纳为古代的节日文化、汉民族的节日文化和兄弟民族的节日文化等三大部分。以汉族的传统节日而言，虽然各地大同小异，但其中也吸收了各民族节日文化的精华，各地区也有自己的风采。正如民谚所说："千里不同风，百里不同俗。"《礼记·曲礼上》："入境而问禁，入国而问俗，入门而问讳。"在各民族的节日人们都举行最盛大的庆祝活动，他们怀着巨大热情，以最好的物质文化(饮食、服饰)和最精彩的精神文化(民间信仰、文艺、工艺)来欢度自己的节日。因此，中国传统节日形成的过程，反映了社会发展史和中华民族文化积淀过程的一个侧面。

本书以时间为轴，把各个传统节日的主要风俗和形成发展做了简单的回顾，对古代比较盛大的节日进行了细致翔实的阐释，还介绍了关于节日的民间故事、神话传说。为人们精彩展示出一幅幅古代节日生活的优美画卷，也能让我们对很多现代的节日风俗有一个更为深入的认识，对传统文化产生更大的兴趣。

目录

第四章　夏日昼时长——夏季节日

第五章　秋高人气爽——秋季节日

第七章　少数民族的传统节日

节日文化源流

　　人类在很长的时期是没有历法的，故有"山中无历日，寒暑不知年"之谚语。节日在一定的历史条件下出现，是社会生产发展和人类认识自然的一个突破。但是，节日的产生有一定的历史原因：一方面是人类社会发展到一定阶段，对节日产生了强烈的社会要求，如随着农业生产、宗教信仰和社会生活的提高，要求有一系列节日；另一方面，必须有产生节日的可能，如天文、历法有了一定的发展，为节日的产生和发展提供了必要的条件，从而产生了节日。我国节日众多，其起因也大不相同，它的起源是多元的。

第一节
节日的起源

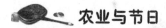
农业与节日

中国以农为本，以农立国。远在八九千年前就有了农业，是世界农业起源地之一。到7000千年前，南北方的农业已出现了分野：北方为粟作农业，南方为稻作农业。农作物有一定的生长规律，因此农业生产有强烈的季节性，春种、夏耕、秋收、冬藏，年复一年。

水稻

在每年的不同季节里，从事不同的生产活动，从而把不同季节中的特定时间定为节日。所以，节日是农业部落和农业民族的时间表，是生产、生活的里程碑。人们根据不同的节日，从事不同的生产劳动，在农忙后的一定时间进行休整、娱乐，也在节日活动中祈求新的丰收。例如最初人们经过一年的生产劳动，到农闲的年终必然休息，感谢诸神。腊祭，本来就是年终感神仪式。此时正是农闲季节，进行会餐，借以调节物质生活，这种腊祭后来发展为春节。二月二为土地神诞辰，也是祭祀之日，由于二月二为龙抬头，自然也是农业性节日。在其他节日里，也多有祈求农业丰收的巫术和禁忌。由此看出，不少节日与农业文化有密切关系。

农业性节日的出现与天文历法的发展也有密切的联系，后者为前者的出现提供了可能。在我国史前时代已有历法知识，郑州大何村仰韶文化的太阳纹，共有12道光芒，应该是一年有12个月的反映。上述考古资料说明我国史前时代的居民已有一定的天文知识，对一年四季已经掌握，否则是不能实现农耕和牧放的。反映夏代历法的《夏小正》已有各月晨昏北斗斗柄的指向及某些恒星及中天的记录。在《尚书·尧典》中有"四仲中星"岁时的划分。即春分、夏至、秋分、冬至四节气。后来发展为八节——立春、春分、立夏、夏至、立秋、秋分、立冬、冬至。到了战国时期又根据太阳在黄道上的位置（黄经），将一年分为二十四节气。其中有雨水等十二"中气"，有立春等十二节气。在测时方面，商代以天干计时，周代以圭表测影计时，进一步明确了冬至、夏至，还定出了"朔日"。上述历法知识对指导农业生产有积极的作用，对节日的形成和发展有重要影响。

历日之确定，使节日的产生和发展成为可能。但是，有了历日，有了节气，并不一定都能产生节日，形成节日还取决于该日是否具有节日的艺术因素——祭祀和纪念对象、节日仪式以及有关饮食等特征。在节日中，有些是直接由节气演变来的，如立春演变为立春节，夏至演变为夏至节，端午节也来源于夏至，立秋、冬至均演变为节日。不过，更多的节日并不是来自节气，而是根据月日的特定性形成的，其中春节来源于正月朔日之确定，二月二、三月三、五月五则来源于月日复数的阴阳组合。

知识链接

节气歌

农业与节日的关系密切而融洽，节气歌完美地体现了这一点，南北方的气候差异使得南北节气歌又有不同，比如，流行于黄河流域和长江流域的节气歌就有明显差别。

立春阳气转，雨水沿河边；惊蛰乌鸦叫，春分地皮干；清明忙种粟，

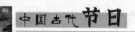
谷雨种大田；立夏鹅毛住，小满雀来全；芒种大家乐，夏至不着棉；小暑不算热，大暑在伏天；立秋忙打垫，处暑动刀镰；白露割谷子，秋分无行田；寒露不算冷，霜降变了天；立冬先封地，小雪河封严；大雪交冬月，冬至不行船；小寒忙买办，大寒要过年。（流行于黄河流域）

一月有两节，一节十五天；立春天气暖，雨水粪送完；惊蛰快耙地，春分犁不闲；清明多栽树，谷雨要种田；立夏点瓜豆，小满不种棉；芒种收新麦，夏至快种田；小暑不算热；大暑是伏天；立秋种白菜，处暑摘新棉；白露要打枣，秋分种麦田；寒露收割罢，霜降把地翻；立冬起完菜，小雪犁耙闲；大雪天已冷，冬至换长天；小寒快买办，大寒过新年。（流行于安徽）

生育与节日

在古代社会生活中，除了物质生产以外，人类自身的生产——生育也是一项基本的生产活动，是人类社会存在的基础之一，对某些节日的形成和发展也有重要的影响，如人节就来源于始祖传说。传说每年正月初一至初八都各是一种动植物的生日，初一为鸡日，初二为狗日，初三为猪日，初四为羊日，初五为牛日，初六为马日，初七为人日，初八为谷日。后来扩大到初十，各种东西的秩序为鸡、猪、鸭、猫、牛、羊、人、谷、果、菜。人们以该日气候好坏来预测该种动植物的增殖与否，并有一系列禁忌，如初一、初二不能用糯糊，怕把鸡鸭的眼睛糊上，鸡鸭不爱下蛋。初八不能用生米煮饭，怕扎谷物的心，影响农业丰收。上巳节也是生育信仰的产物，该节起初是人们在野外祭生育神，进行祓禊等巫术活动，最后还在野外"会男女"，目的是治愈不育症，祈求人丁兴旺。此外，在其他节日活动中，也有不少反映祈求生育的巫术、禁忌活动，说明人类的自身生产在节日中占有重要的地位。

宗教与节日

宗教信仰对节日的产生和发展的影响也很深远，且具有普遍性，几乎所有的节日都充满了宗教的内容，这也是节日形成的主要渠道。

原始宗教历史悠久，远在旧石器时代晚期就出现了。中原古代称巫，北方民族称萨满教。当时人们生活在鬼神之中，事无巨细，都要同鬼神打交道，巫觋就是人与鬼神的媒介。因而，宗教是社会生活中的大事，而且渗透到社会生活的各个领域。古人时刻面对恶劣的自然环境，为了生存和安全祈求神灵的保佑，所以经常举行祭祀活动，久而久之，形成一些节日。从节日祭祀内容看，人类最初信仰的对象是灵魂和自然神，所以自然崇拜在节日中占有突出的地位。特别是自然神被统治阶级利用后，上升为人格神，成为节日的膜拜对象。七夕节祭牛郎织女星，中秋节拜月神，都是上述宗教信仰在节日中的反映。除天体、自然神外，也信仰图腾和特殊神灵。有些节日则出于对人造物的崇拜，如灶神本发端于火神，主宰家庭生活，《太平御览》引《淮南

虔诚的萨满教徒

5

子·毕术》："灶神晦日升天，白人罪。"因此必须隆重祭祀，腊月二十三送灶神上天，春节又迎灶神归来。《论语·八佾》："与其媚于奥，宁媚于灶。"形成腊月二十三日灶神节。

个别节日则起源于禁忌。如传统认为寒食节起源于对介子推的怀念，实为后来的附会。寒食节的真正起因与古代的钻木取火及其改火习惯有关。当时每个季节都必须依季节改用不同木料的钻木取火工具，变旧火为新火。改火前必备一两天的熟食，待新火取出后才能用以进行炊事，其间必然要吃凉食或寒食。《周礼·秋官·司烜氏》："中春，以木铎修火禁于国中。"这是寒食节产生的历史根源，后来才附会于介子推的历史故事。

从以上分析看出，节日起源是一个复杂的问题，它起源于多种历史原因：有些起源于生产活动，有些与人类的生育和婚姻形态有关。有些节日则起源于祭祀鬼神和巫术活动，此外有些节日则与某些历史事件有关。

第二节
节日风俗的发展与演变

节日风俗的产生

农业生产、原始崇拜、神鬼迷信、禁忌等习俗无疑是节日风俗产生的土壤。但是，这些习俗要注入节日还需要很长的时间，一方面使上述的原始习俗上升到礼仪性质，成为"约定俗成"的礼俗；另一方面，通过神话传奇故事给特定的节日增添浪漫迷离的色彩，通过历史传说的附会使其更加合情合理，某些民间习俗一旦被统治者引入宫廷生活中，就会上仿下效，更加风靡普及……从某种意义上讲，这些条件都是节日风俗形成的催化剂。

根据节日风俗起源及发展来看，在先秦大部分节日已产生，但是从风俗内容上来看尚不够丰富，形式上也往往比较单一，流行地区不一定广泛，有些时间也不那么固定。所以，在先秦只能是节日风俗的起源萌芽阶段。之所以如此，是有深刻的历史原因的。众所周知，许多自然崇拜、神鬼迷信和禁忌在原始社会里已开其端，这从现代民俗考古及文物考古都可证实。春秋战国时代，奴隶制"礼崩乐坏"，大量的奴隶逐步转化成自耕农，一些奴隶主也向封建地主转变。与前代相比，人有了自己生活的权利。人类自我意识觉醒，逐渐冲破"礼"的枷锁束缚。因此，民间风俗也自然"相染成风，相沿成俗"，得到了长足发展。所以节日风俗的早期萌芽大部分是在这个时期。

但是，春秋战国时的长期分裂，又影响了已经萌芽了的节日风俗发展。各个国家或地区具有各自不同的历史积淀和传统习惯，因此，国与国之间、地区与地区之间节日风俗不尽相同，而林立的国家界线又把人们分别围于狭小的生活圈子里，生活风俗缺乏必要的融合，造成了"百里不同俗"的局面。

节日风俗的定型

中国主要节日风俗在汉代基本确定下来。除夕、春节、人日、元宵、上巳、寒食、端午、七夕、重阳等主要节日的风俗都是在这个时期定型的。

中国主要节日风俗定型于汉代，有其深刻的历史原因及多方面的社会条件。除沿袭继承先秦社会生活风俗这个历史原因外，从汉代社会背景来看，促成节日风俗定型主要有三方面的因素。首先，汉代是南北融合的时期，汉朝政治、经济比较稳定，统一使先秦时代各地区不同的风俗出现融合。先秦时代的荆楚文化、巴蜀文化、齐鲁文化、吴越文化、北方文化、中原文化与秦文化在汉代逐步融为一体。各地风俗也互相吸收渗透。长安宫廷中跳起南方楚舞，唱起楚歌，中原的礼俗也传到南方荆楚及百越之地。反映在节日风俗上，对照一下《荆楚岁时记》所载南方节日风俗与《西京杂记》所载长安节日风俗，有许多类似之处。

汉代又是一个科学与迷信并盛的时代，这为节日风俗发展提供了良好的土壤和空气。汉代天文学有了长足的发展。关于宇宙天体已有了三家学说：盖天说、浑天说、宣夜说。汉代科学技术发展在一定程度上打破了先秦时代那种盲目的自然崇拜，对节日风俗也产生了巨大影响，突出地表现为原始的自然崇拜与巫术式的风俗向宗教神学人文化过渡。节日形成与历法关系极为

元宵狮舞

密切，历法确定是节日确定时间的前提。但是，夏、商、周三代以来直至汉初，每次改朝换代，都要改律历、易正朔、重立岁首。历法多变无疑对节日产生了影响。汉武帝元丰七年颁布《汉历》（《太初历》），是中国一部比较完整的历法，精确地反映了一年的地球运行周期，开始使用有利于农时的二十四节气，特别是确定了建寅之月为岁首，从此以后两千多年再无大的变更，这无疑是节日得以确定的重要因素。

但是，汉代又是神鬼横行、谶纬迷信的时代。如果说先秦时代的迷信仅只是由原始自然崇拜、巫术禁忌发展演变而来，那么汉代的迷信则有了完整体系的理论依据，更深入地渗透到社会生活的各个角落。从社会上层到乡村偏野的黎民百姓，无不笼罩在一片神秘的迷雾中。但是，这种迷信的社会风气对节日风俗的形成却是必不可少的条件，节日起源于原始崇拜与禁忌，形成于迷信风俗。汉武帝为了祭祀太乙神，设祭坛、立祀祠、宰牛马、具太牢，兴师动众，折腾数年。这种在甘泉宫大张灯火祭太乙神的方式却被民间所仿效，形成了正月十五元宵节张灯夜游的风俗。阴阳五行家又把迷信禁忌活动划分给一年的四时八节、二十四节气，形成了一套僵化的岁时迷信顺序。岁时划分的迷信禁忌一写入经典，又逐步上升为礼俗。这种迷信与礼俗的混合体，在确定节日及其风俗活动中起着不可估量的作用。

节日与神话本来就是起源于原始崇拜。在发展中，互相影响，关系紧密。神话为节日增添浪漫色彩，节日为传播神话又提供了载体。在汉代，神话的发展也为节日风俗的发展起了推动作用。有些风俗活动本身就来源于神话。那时节嫦娥已经进入广寒宫，玉兔金蟾的传说使中秋节拜月之俗向赏月之俗发展，已搭建起浪漫的神话桥梁。织女星虽然还没有和牛郎结成夫妻，但是"迢迢牵牛星，皎皎河汉女。盈盈一水间，脉脉不得语"（汉·无名氏《迢迢牵牛星》)，已给"七夕"乞巧的姑娘们增添了生动有趣的话题。

到了东汉，历史的积淀已在节日风俗中呈现出来，一是对一些历史人物的祭奠代替了原来某些原始崇拜活动的内容，成了节日的主宰，如后稷、屈原、介子推、伍子胥等，皆由人得道成神，受到人们的崇拜；二是在风俗本身发展中，一些风俗上升成礼俗，一些礼俗演变为风俗，不少风俗和礼仪融为一体，被人们约定俗成地接受并沿袭下来。这一点在以后的节日风俗发展中也是如此。

节日风俗的变化

魏晋南北朝时期，在中国节日风俗发展史中是发展变化比较剧烈的时期。主要表现在三个方面：道教、佛教的宗教冲击，清谈玄学思想带来的玄怪观念的冲击；民族融合的冲击。由于这些冲击，使节日风俗活动的内容及性质发生着变异。

东汉中后期，源于神仙说的道教，出现两个派别："五斗米道"和"太平道"。冀州张角是太平道首领；"五斗米道"的首领是活动于蜀汉的张陵，因入道要出五斗米，所以称"五斗米道"。到了张角时变为农民起义的思想武器和组织形式。原始道教经过改造，到南北朝时得到了统治阶级的承认。在北方传道的有寇谦之，投统治阶级所好；在南方传道的有葛洪、陶弘景，干预南朝政治，被称为"山中宰相"。道教炼丹求仙，点铁成金、寻求长生不死，既符合统治阶级口味，而招神驱鬼、画符除妖治病又为群众所欢迎接受，因而在社会生活中形成一股失教势力。

两汉之际传入中国的佛教，到南北朝时，经过中国僧人遭安传教，西域僧人鸠摩罗什译经，佛教在中国南北广泛传播开来，形成了又一股宗教势力。宗教冲击对节日风俗影响颇深，出现了一些宗教节日，如四月初八浴佛节、七月十五中元节等，节日仪式在南北各民族中都相当流行。七月十五是佛教的盂兰盆会节，也是道教的中元节。其他节日如中秋、重阳、七夕等节日风俗中都有佛教与道教的仪式内容渗入，这种宗教对节日的影响尤其在唐宋以后表现得最为明显。

魏晋南北朝时期，北方少数民族入主中原，与汉人杂居，一方面使汉族与少数民族的风俗出现融合；另一方面战乱造成北方人民向南方的大迁徙，使汉族内部南北风俗也产生融合。

唐代是中国节日风俗划时代的变革时期。节日完全从原来的禁忌、迷信、被禊、禳除的神秘气氛中解放出来，转变为娱乐和礼仪兼而有之，成为真正

放风筝

的"佳节良辰"，在某些方面已向奢侈享乐方面发展。

　　隋唐时期是中国封建社会的昌盛时代，北魏时出现的"均田制"，到唐代时已推行全国，将土地按户分配给农民耕种，赋税征收采用劳役地租与实物地租相结合的"租庸调"制，使封建小农经济达到了空前未有的发展阶段。由于国家的强盛和统一，科学技术长足的进步，农业生产从几百年的战乱中恢复起来，手工业、商业都十分发达。社会经济的发展与人民生活的相对稳定，给社会风俗演变提供了历史条件，因此，表现在节日风俗上的一个突出特点就是向娱乐型演变。

　　节日变得欢快愉悦，风俗生活内容也变得丰富多彩。大量的体育娱乐活动出现在唐人的节日里。荡秋千、放风筝、蹴鞠、打马球、拔河、射箭、走马、游猎、斗百草……形式多样。不同季节，不同的节日活动内容也各异。尽管在魏晋南北朝时，许多节日风俗已向娱乐型转变，一些体育娱乐活动也在节日出现，但远不及唐代变得这样彻底、这样普遍。尤其是节日观念上的转变。唐代有关节日的神话故事，也不再是那么狰狞恐怖，也变得生动滑稽，浪漫而又富有诗情画意。唐玄宗携道士游广寒宫，月宫桂下，仙姝成群，歌舞迷人。魏晋时织女还被视为好吃懒做、被惩罚之人，唐代以后，她已成了勤劳美丽的化身。门神被钟馗道士取代了，后又转让给秦叔宝、尉迟敬德二位将军。繁荣的社会经济带来了轻松愉快的节日风俗，反映出唐代人民丰富的生活情趣，相对平衡的社会心理状态。

 知识链接

足球与蹴鞠

　　足球是当今世界第一运动，最早的足球娱乐确实起源于中国。我国先秦时期就有了一种重要的娱乐活动，那就是所谓的"踏鞠"。踏鞠又叫"蹴鞠""蹵鞠"，其实就是我国最为原始的足球游戏。这种游戏活动早在3000多年前的殷商时代就已出现。在殷商用来占卜的甲骨文字中，已有关于踏鞠之事的记录。过去有些人认为中国的足球是在近代以后从欧洲引进的，但是实际上早在3000多年以前我国就有了足球运动的雏形，蹴鞠游戏便是它的最早源头。有的古籍中甚至将我国蹴鞠的起源一直推到上古时代。如刘向《别录》中称"寒食蹴鞠，黄帝所造，以练武士"。把蹴鞠的发明权归属于上古时代的黄帝的说法恐怕是附会之辞，但是根据现有的资料来看，蹴鞠活动在商周时期就开始出现，在春秋战国时期已经十分普及。宋代的高俅就是因为蹴鞠玩得好，被皇帝喜爱，成为太尉的。

节日风俗的进一步发展

　　中国节日风俗到明清时期，出现三种变化：一是上层统治者及文人士大夫层的复古风；二是有些以小农经济为基础的节日风俗被淘汰或淡化；三是游乐性的风俗迅猛发展。因宋明理学的影响，封建礼教对人们思想禁锢日益加强，封建社会日趋僵化，这反映在节日风俗上也有了变化，更讲究节日的礼仪性，应酬性。例如新年拜谒，达官贵人限于"礼尚往来"，不能不相互拜谒，于是一盒拜帖送到，见帖不见人。随之相伴的是复古风，唐宋时的驱傩仪式具有很大的娱乐性，内容已变得与前代面目全非，可是明代的驱傩活动却效法于汉代，师古而不法唐宋。在民间已广泛盛行的门神是秦叔宝、尉迟敬德，一些士族大夫，官宦之家效法秦汉，用神荼、郁垒作门神，此类例子不胜枚举。明代社会由于手工业、纺织业的发展，在浙杭苏州一带出现了大批机户及佣工，沿海一带商业贸易也迅速发展，出现了资本主义萌芽。资本主义萌芽虽然承受封建主义的重重压力，但是仍然缓慢发展。一些节日逐渐被人们冷淡，甚至被淘汰。如唐宋以前，人们十分重视的社日及祭土地神风俗，在明清时已不为人们所重视。无土地，沦为佃户、雇工之人，也就不再敬土地神。因男耕女织的家庭模式的破坏，七夕节也不为人所注意，仅保留了家庭妇女们的娱乐活动。

但是，娱乐性的节日风俗在明清时仍在持续发展，像元宵节放花灯烟火，到明代能长达10夜，创历史之纪录。龙舟竞渡之风有增无减，到了节日期间，玩狮舞龙、旱船秧歌、杂技百戏、体育活动等有增无减，杭州西湖上游艇画舫，节无虚日，盛况均超前代。

第三节
节日文化的价值

节日文化的精神内涵

中国传统节日，凝结着中华民族的民族精神和民族情感，承载着中华民族的文化血脉和思想精华，是维系国家统一、民族团结和社会和谐的重要精神纽带。在中华民族的历史发展进程中，传统节日以其丰富的文化内涵滋养着民族的生命力、创造力和凝聚力，推动着中华文化历久弥新，不断发展壮大。在传统文化中所蕴含的民族精神，更彰显了一个民族的文化精髓。

岁时文化体现了中国人重礼仪的精神内涵。这是人与人之间、民族与民族之间和谐美满的重要纽带。中国的传统节日，以一种潜移默化、寓教于乐的形式，展示了中国人的精神世界，表达着中国对美好的理想、智慧与伦理道德的追求和向往，是弘扬中华传统文化和传承传统美德的重要载体。

中秋赏月

中华民族优秀传统文化的"忠、孝、诚、信、礼、义、廉、耻"等价值观念充分体现在传统节日的诸种仪式、活动和风俗之中。

岁时文化体现了中国人崇尚自然的精神内涵。中国的传统节日根植于中国古代农业的社会文明。几乎每个节日都是一个节气，这是古代劳动人民在长期的农业生产实践中对大自然的运行规律的总结。在节日的选择上体现了顺应自然、崇尚自然的理念，人们按照气候的周期规律进行农业生产，在节日中祈盼农业生产的风调雨顺、富裕安康，体现了农耕文明的精神追求。同时，也阐释了中国传统文化天人合一的思想。清明节踏青娱乐、端午节划船竞赛、中秋节仰望明月等，这些活动都可以让人们亲近自然，感觉到岁时、物候、天人的变化。农业文明的春种、夏锄、秋收、冬藏的生产规律与岁时相适应，循环往复，不仅形成了科学的历法，也丰富了古代的岁时文化。

岁时文化还体现了中国贵人伦的精神内涵。"伦理本位"是中国文化的基本特征。中国的传统节日都有贵人伦、重亲情的特点，这是维系中国社会人际关系的情感纽带。如合家团聚，是现代人春节和中秋两个节日的重要内涵。贵人伦还体现在对孝道的重视。每个节日几乎都有对祖先的祭祀仪式，以表达对先人的怀念和追思。重阳节叫作"老人节"，端午节又称"女儿节"，妇

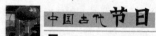

女回娘家，女婿看望岳父岳母等，都体现了我们传统文化中的孝道理念。甚至广义地说，中国传统节日都有加强血缘亲族关系、巩固家庭成员亲属观念的作用。

因此，我们研究传统节日，是对民族精神的追求，是对人生态度的探索，是为了更好地传承民族文化。传统节日的价值就在于它彰显民族情感，昭示人生意义，滋养民族精神，它是中华优秀传统道德教育的有效载体。

节日文化的文化价值

我国岁时文化的形成既有相对稳定的节气、节日，又有特定的风俗礼仪和民间活动，具有民族性、群体性、社会性、本土性的文化特征。传统节日蕴含着工业文明以前的原始文化与农业文明的文化信息。世代相传的节日习俗、节庆礼仪，共同构成了我们民族生活的方式，传递着祖先留下的精神文明财富。

首先，发扬岁时文化是传承民族传统的重要途径。传统节日是民族实践认知的重要标志，节日起源于先民对时间的感受和经验，不同地域、民族的人对时间的认知方式存在差异。中国传统节日是民族文化的集中体现，是民众内在的时间意识和文化观念，同时也是民族文化传统周期性复现的重要标志。

民族文化在当代社会更多的是隐藏在后台，或者说作为一种文化底色而存在。在经济全球化的今天，由于对各种文化的更广泛的包容，人们的生活和思想日益趋同。而通过各种节俗活动，在耳濡目染中让人们自觉地理解接受，作为一种定期进行传统教育的方式，自然使得传统文化在人们的意识中得到延续和加强。

其次，传承岁时文化可以提高民族自信心。民族自信心是维护民族尊严与文化本位的精神基础，一个民族如果缺乏自信，就在精神迷茫中失去了自己的民族位置。民族自信并不是空洞的浮夸与盲目的自大，民族自信需要强大的实力作为支撑，最根本的就是需要深厚的文化基础。岁时文化就是这样一种重要的载体。

岁时文化蕴含了传统文化的魅力。人们通过节日饮食、节日仪式、节日信仰与传统等集中展示了民族文化的精华。在节日活动中，纪念先人，触摸民族的灵魂，回归文化根本。这种回归传统的复现和重复，自然会使民族自信心大大增强。

最后，传承岁时文化是发展民族新文化的基础与凭借。传统节日在当代社会不仅是传统文化的载体。同时也为民族文化传统的创新与发展提供了基础。随着节日习俗的演进，我们常常看到民众依托节日而进行的文化创造。如端午节本来是驱邪避疫、祈求平安的节日，但在六朝时期，由于历史趋势，人们将它与爱国诗人屈原联系起来，将龙舟竞渡与节日食粽的习俗都解释为追悼屈原，从而将一个普通的民俗节日上升为具有重大伦理意义的节日。

任何民族文化的创新，都离不开既有的历史文化基础。如今，传统的岁时文化同样构成民族文化创新发展的基础，新的具有民族特色的节日文化的形成应该是从中国节日文化传统中汲取营养而发展壮大的。

岁时文化是中华民族文化的遗产，它是整个民族情感、知识、智慧、伦理规范的凝聚。它是我们创造民族新文化的凭借，也构成了我们现实生活的一部分。从产生上看，包括岁时文化的传统文化已成为过去，但其中优秀的精华部分，作为鲜活的基因已融入了我们的生活。岁时文化的价值与作用不仅让我们找寻到了中华民族的历史坐标，也深刻影响着中华民族文化发展的未来。

古老节日文化的现实意义

从 2008 年起，我国对公休假期进行了调整，把清明节、端午节、中秋节等三大传统节日列为法定节假日，同时将春节放假时间提前至除夕。在圣诞节、情人节、愚人节等洋节时兴之时，国家从制度层面上确立了传统节日在社会生活中的地位，具有特殊的时代意义。

岁时文化可以增进现代人对自然和历史的尊重。春节、元宵节、清明踏青、元宵赏月、重阳登高等，都是踏着自然的节拍进行的，与今天我们倡导的和谐与传统文化中的天人合一思想有相通之处。这种对自然规律的认识与把握，是对古老的天人合一的思想精神的传承，也有利于进一步端正我们审视和利用自然的态度。传统节日是我们中华民族的历史文化遗产，蕴含着丰富的文化内涵，是民族成员情感、知识、智慧、伦理规范的凝聚。重视岁时文化有利于我们审视自己，继往开来。

　　岁时文化是现代人的文化表达方式，蕴含着对民族历史和文化的独特理解。节日中的那些祭祀、聚会或饮食风俗，既包含了娱乐或休闲的成分，又有特定的人文取向。通过节日的种种仪式，将趋利避害的自然本能、智慧、机智敏捷发挥得淋漓尽致，使喜怒哀乐、悲欢离合等民族情感得以充分地表达，表明中华民族是一个极富责任感、极富想象力的民族。

　　岁时文化是现代人的情感表达方式。"每逢佳节倍思亲"，传统节日里最容易唤起对亲人、对家庭、对故乡、对祖国的情感，唤起对民族文化的记忆，对民族精神的认同，唤起同宗同源的民族情、文化同根性和亲和力。传统节日里，整个中华民族的精神世界涌动着共同的情感和期盼，这是令人激动和自豪的事情。岁时文化能够增强民族凝聚力。每逢春节、中秋，海内外华人华侨，中华民族儿女无不欢欣鼓舞，普天同庆，这是振奋民族精神、弘扬民族文化、发扬民族传统、增强民族凝聚力和认同感的契机。这种富有人文内涵的情感价值很珍贵。

　　岁时文化也有利于现代人的思想教育。我们看到，传统文化节日蕴含着丰富的教育资源，是对人们特别是青少年进行思想政治教育的重要途径。我国的传统节日是中华民族几千年的历史文化沉淀，是一种重要的非物质文化遗产。岁时文化蕴含着传统的价值观念、思维模式、伦理道德、行为规范、审美情趣，如果我们以传统的岁时文化为契机，把思想信息寓于能给青少年带来欢乐体验的活动之中，在节日文化中渗透思想道德教育，能有效地改变当前思想教育政治工作大多采取空洞说教而容易引起青少年逆反心理的局面，能取得较好的社会效果。

节日的故事传说

漫长的历史岁月使年俗活动内容变得异常丰富多彩。其中，那些敬天祭神的迷信内容，已逐渐被淘汰，而那些富有生活情趣的内容，像贴春联、贴年画、贴"福"字、剪窗花、蒸年糕、包饺子等则流传了下来。与此一同流传下来的，还有各种各样的有趣传说。

第一节
古代名人故事

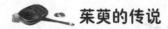

茱萸的传说

相传，在春秋战国时期，弱小的吴国每年都得按时向强邻楚国进贡。有一年，吴王闻楚王身患胃寒腹痛的痼疾，便派使者将本国的特产吴茱药材献给楚王。吴茱有温中止痛、降逆止吐之功，善治胃寒腹痛、吐泻不止等症。贪婪无知的楚王只爱珍珠玛瑙金银财宝，根本看不起这土生土长的中药材，认为吴王在戏弄他，于是大发雷霆，不容吴国使者解释，就令人将其赶出宫去。楚王身边有位姓朱的大夫，与吴国使者交往甚密，忙将其接回家中。使者将缘由向朱大夫说明。朱大夫劝慰了一番，派人送使者回国，并将他带来的吴茱精心保存起来。次年，楚王受寒旧病复发，腹痛如刀绞，群医束手无策。朱大夫见时机已到，急忙将吴茱煎熬，献给楚王服下，片刻止痛，楚王大喜，重赏朱大夫，并询问这是什么药？朱大夫便将去年吴国使者献药之事叙述了一番。楚王听后，非常懊悔，一面派人携带礼品向吴王道歉，一面命人大量种植吴茱。几年后，楚国瘟疫流行，腹痛的病人遍布各地，全靠吴茱挽救了成千上万百姓的性命。楚国百姓为感谢朱大夫的救命之恩，便在吴茱的中间加上一个"朱"字，改称吴朱茱。后世的医学家又在朱字上加个草字头，正式取名为吴茱茱，并一直沿用至今。

介子推的故事

相传在春秋时代，晋国的君主晋献公为年轻美貌的妃子骊姬所迷。骊姬为了让自己的儿子奚齐继位，就用毒计将太子申生逼死。申生的弟弟重耳为躲避祸害，由介子推等大臣跟随着逃离晋国。在外流亡的19年中，重耳生活非常艰苦，原来跟着他一道出奔的臣子，只剩下少数几个忠心耿耿的人，介子推便是其中之一。有一次，因为饥饿，重耳晕了过去。介子推毫不犹豫地从自己的腿上割下一块肉，做成汤献给重耳充饥。

介子推雕像

后来重耳回国做了国君，即晋文公。晋文公执政后，封赏所有跟随他流亡的人，唯独忘了封赏介子推。介子推就带着母亲隐居绵山（今山西省介休县东南）。后来，有人在晋文公面前为介子推叫屈，晋文公记起此事，请他出山。介子推不肯出山，晋文公无计可施。这时，有人出了个馊主意说，不如放火烧山，三面点火，留下一方，逼迫介子推出来。于是，晋文公只好放火烧山，然而介子推始终没有出山。等到大火熄灭后，大家上山查找，发现介子推母子俩抱着一棵柳树被烧死了。

晋文公望着介子推的尸体大哭起来。哭后，在安葬遗体时，发现介子推的身体堵着个柳树树洞，洞里好像有什么东西。掏出一看，原来是介子推用一片衣襟给晋文公留下的一首血诗：

> 割肉奉君尽丹心，
> 但愿主公常清明。
> 柳下作鬼终不见，
> 强似伴君作谏臣。
> 倘若主公心有我，
> 忆我之时常自省。
> 臣在九泉心无愧，
> 勤政清明复清明。

为了纪念介子推，晋文公下令在每年的这一天，禁止生火，家家户户只能吃生冷的食物，这就是寒食节的来源。

捉鬼名将钟馗

钟馗，是我国民间传说中的赐福镇宅圣君。据古书记载，他是唐初长安终南山人，生得豹头环眼，铁面虬鬓，相貌奇丑，然而却是个才华横溢、满腹经纶的风流人物，平素为人刚直，不惧邪祟。在唐玄宗登基那年（712年），钟馗赴长安应试，取贡士之首。可是殿试时，奸相卢杞以貌取人，屡进谗言，从而使钟馗落选状元。钟馗一怒之下，头撞殿柱而死，震惊朝野。皇上得知后，以状元官职厚葬了钟馗。

根雕钟馗

相传一日唐玄宗偶得风寒，治疗了一个月，仍不见好转，一天病中梦见一位相貌奇丑无比之人，头戴破纱帽，身穿蓝袍，足踏朝靴，左手提一鬼，右手以三指挖鬼目将食之。玄宗问他是谁，他答："我是进士钟馗，誓与陛下除尽天下之妖孽。"玄宗一觉醒来，病就痊愈了，当即命画圣吴道子依梦中所见形象画出，贴在宫门上，后来民间也纷纷效仿。从此，钟馗就成了捉鬼名将。

知识链接

小阿斗和称人

传说三国时，蜀后主阿斗（刘禅）和母亲糜夫人被曹操当人质捉走。赵子龙单枪匹马入曹军救出阿斗，糜夫人为了不连累赵子龙，投井自尽。

阿斗被救回来后，刘备觉得带在身边不方便，就想把阿斗交给续弦的孙夫人抚养，由赵子龙护送着去吴国。

赵子龙护送阿斗到吴国时刚好是立夏节。孙夫人一见白胖胖的小阿斗非常欢喜，但自己毕竟是后娘，怕带不好遭人议论。孙夫人于是想出了一个办法：当时正是立夏，用秤把小阿斗在赵子龙面前称一称，到第二年立夏节再称，就知道孩子养得好不好了。

后来，孙夫人在每年立夏节，都把阿斗称一称，然后向刘备报告。就这样，形成了立夏称人的习俗。

月饼的起源

相传月饼起源于唐初。唐高祖李渊与群臣欢度中秋节时，兴高采烈地手持吐蕃商人所献的装饰华美的圆饼，指着天上明亮的圆月，高声笑道："应将胡饼邀蟾蜍。"随即把圆饼分给群臣，同庆欢乐。说明当时赏月已颇为盛行。北宋时始定八月十五为中秋节，月饼被列为节日佳品。苏轼有诗道："小饼如嚼月，中有酥和饴。"

元末，当时的统治者惧怕汉民反抗，采取每十家派一名士兵监视、十家共用一把菜刀的高压政策，人民忍无可忍，纷纷起义反元。朱元璋准备联合各路起义军，但是朝廷官兵搜查严密，传递消息十分困难。军师刘伯温急中生智，想出一个妙计，命令属下把写有"八月十五夜起义"的纸条藏入麦饼里，再派人分头传送到各地起义军中，通知在八月十五晚上起义响应。到了八月十五那天，各路义军齐

精致的月饼

响应，起义之势如星火燎原。消息传来，朱元璋高兴得连忙传下命令，将秘密传递信息的麦饼作为节令糕点赏赐众将。从此，每年这天，家家户户都吃麦饼以庆胜利。明代中秋月饼十分流行，亲友间以月饼作为礼品相互赠送。到了清代，月饼已成为祭月时必不可少的供品。

第二节
神话传说

嫦娥奔月

相传，远古时天上同时出现了 10 个太阳，庄稼都被晒死，民不聊生。一个名叫后羿的勇士登上昆仑山顶，运足神力，拉开神弓，一气射下 9 个太阳，并驯服最后一个太阳按时起落，为民造福。后羿因此受到百姓的尊敬和爱戴。

后来后羿娶了美丽善良的嫦娥为妻子。他们相亲相爱，后羿除传艺狩猎外，终日和妻子在一起。不少人慕名前来投师学艺，心术不正的蓬蒙也混了

嫦娥奔月

进来。一天，后羿到昆仑山访友求道，巧遇王母娘娘，便向王母求得一包不死药。据说，服下此药的人就能即刻升天成仙。后羿舍不得撇下妻子，把不死药交给嫦娥珍藏。此事被小人蓬蒙知道了，他想偷吃不死药自己成仙。一天，后羿率众徒外出狩猎，蓬蒙假装生病留在家中。待后羿走后不久，蓬蒙手持宝剑闯入内宅后院，威逼嫦娥交出不死药。嫦娥情急之下，她拿出不死药一口吞了下去。嫦娥吞下药，身子马上飘离地面，冲出窗口，向天空飞去。由于嫦娥深爱着自己的丈夫，便飞落到离人间最近的月亮上成了神仙。

太阳落山时，后羿回到家里，侍女们哭着向他讲述了白天发生的事。后羿既惊又怒，抽剑去杀恶徒，不料蓬蒙早已逃走。后羿气得捶胸顿足，悲痛欲绝，仰望着夜空呼唤爱妻的名字。朦胧中他惊奇地发现，今天的月亮格外明亮，而且有晃动的身影酷似嫦娥。他拼命朝月亮追去，可是他追一步，月亮退一步，他退一步，月亮进一步，无论如何也追不到她。后羿因思念妻子心切，便派人摆上香案，放上蜜食、鲜果，遥祭在月宫里的妻子。后来，每到中秋节夜，妇女便设案供奉瓜果、糕点，焚香祭祀，以求保持青春美丽。从此，中秋节拜月的风俗在民间便传开了。

火把节由来

火把节是彝、白、傈僳、纳西族等少数民族的传统节日。彝族地区有很多关于火把节由来的传说，其中流传最广、最具有代表性的是彝族英雄斗天神恶魔的故事。

相传在远古的时候，天上有6个太阳和7个月亮，白天烈日暴晒，晚上强光照耀，土地荒芜，妖魔横行，民不聊生，世间万物面临着灭顶之灾。就在这个时候，彝族一位叫支格阿龙的小伙子射死了灼热的5个太阳和6个月亮，驯服了剩下的最后一个太阳和最后一个月亮，同时还消灭了残害人间的各种妖魔。从此，天下风和日丽，水草丰茂，彝族人民过上了世外桃源般的生活。但是，统治天地万物的天神恩体古孜看到人间如此繁荣富足，心怀不满，于是年年派他的儿子大力神斯热阿比率天兵到人间征收苛捐杂税。人们好端端的生活又被天神搅得苦不堪言。后来支格阿龙的故乡出了个叫黑体拉巴的勇士，他力大无穷，智慧超人，英勇无畏，跨上骏马能日行千里，迈开脚步可飞崖走壁。他经常为各个部落排忧解难，除暴安良，深受民众的爱戴。

有一天，黑体拉巴用歌声结识了美丽的牧羊姑娘妮璋阿芝，两人很快相爱了。早就对妮璋阿芝垂涎三尺的大力神斯热阿比听说了他俩的恋情，嫉妒和愤恨驱使他去找黑体拉巴决斗。于是，大力神斯热阿比就下到凡间同黑体拉巴进行摔跤决斗，结果大力神斯热阿比被摔死，天神为此大怒，便放出铺天盖地的天虫（蝗虫）到人间毁灭成熟的庄稼。聪明的妮璋阿芝翻山越岭，找到大毕摩（祭司），毕摩告诉妮璋阿芝：消灭蝗虫，要用火把。于是，妮璋阿芝和黑体拉巴带领村民扎了三天三夜的火把，烧了三天三夜的火把，终于烧死了所有的天虫，保住了庄稼。

彝族射日雕像

看到这一情景，可恶的天神恩体古孜使用法力将黑体拉巴变成了一座高山。妮璋阿芝看着这一切，伤心欲绝，在大毕摩的祈祷声中舍身化作满山遍野美丽的索玛花，盛开在黑体拉巴变成的那座高山上。这一天，正好是农历的六月二十四。

另一种说法是："六诏"的诏王皮罗阁想吞并其他"五诏"。某日他大宴其他诏王，趁他们不备将其全部烧死。"六诏"之一的邆赕王之妻慈善夫人闻之，亲燃松明为亲夫召魂，后来也被皮罗阁杀害。彝族人民为纪念她，便于每年六月二十四举行火把节。彝族人民为了纪念这一天，每年的农历六月二十四便要燃起火把，走向田野，以祈求风调雨顺、来年丰收。人们载歌载舞，普天同庆抗灾的胜利，歌唱黑体拉巴的英勇和妮璋阿芝的聪明美丽。久而久之，便形成了彝家一年一度的火把节。

知识链接

春神

世界上的文明古国都有自己的春神及其神话。中国的春神叫句芒，是鸟身人面。《山海经·海外东经》说："东方句芒，鸟身人面，乘两龙。"句芒之鸟身人面，说明居住在东方的大白皋部族，原本是一个以鸟为图腾信仰的部族，而句芒神也许就是该部族的图腾神。有的地方年画里放牛的小童也是他的形象之一。

在中国古代神话中，春神不独句芒一位，还有简狄。简狄属于殷人神话中的角色。与句芒不同的是，她是一位女神。已故神话学家丁山认为："简狄即爱神，亦即春神。春风时至，草木皆苏，春神有促进生殖的能力，也就被大众重视为生殖大神了。简狄神格，颇似埃及古代的埃西。"

青帝我国古代神话中的五天帝之一，是位于东方的司春之神，又称苍帝、木帝。道教尊奉为神。传说青帝主万物发生，位属东方，故祀于泰山。岱顶有青帝宫，岱麓旧有青帝观。

第三节
民间故事

九月九登高除瘟魔

相传在东汉时期，汝河有个瘟魔，每次只要它一出现，家家都会有人病倒，还有不少人丧命，百姓们可真是受尽了瘟魔的蹂躏。

又一场瘟疫暴发，这一次夺走了青年恒景父母的生命，他自己也差点儿

重阳节登高

断送了性命。病愈之后，恒景辞别了心爱的妻子和父老乡亲，决心出去访仙学艺，为民除掉瘟魔。恒景四处访师寻道，访遍各地的名山高士，终于打听到在东方有一座最古老的山，山上有一个法力无边的仙人叫费长房，恒景不畏艰险和路途遥远，在仙鹤指引下，终于找到了那座高山，找到了那个有着神奇法力的仙人费长房。费长房收留了恒景，并且教给他降妖之术。恒景废寝忘食，终于练出了一身非凡的武艺。

有一天，费长房把恒景叫来对他说："明天是九月初九，瘟魔又要出来作恶，如今你已学成法力，可以回去为民除害了。"仙长送给恒景一包茱萸叶，一盅菊花酒，并且密授辟邪用法，让恒景赶紧赶回家去。

恒景回到家乡，在九月初九的早晨，把家领到了附近的一座山上，发给每人一片茱萸叶，一盅菊花酒，准备降伏瘟魔。到中午时分，瘟魔冲上来，但刚扑到山下，突然闻到阵阵茱萸奇香和菊花酒的酒气，便戛然止步，脸色突变，这时恒景手持降妖宝剑追下山来，几个回合就把瘟魔刺死剑下。从此，九月初九登高避疫的风俗年复一年地流传下来。以上是南朝梁吴均在《续齐谐记》一书里的记载。其实，重阳节早在战国时代就已成为民间风俗，唐时已十分流行。诗人王维就有"独在异乡为异客，每逢佳节倍思亲。遥知兄弟登高处，遍插茱萸少一人"的千古名篇。后来，重阳节登高被人们看作是免灾避祸的活动，并作为习俗流传了下来。

七夕趣闻

七夕节的很多娱乐活动都与牛郎和织女鹊桥相会的传说故事有关。这其中较为耳熟能详的有以下两个。

小儿女窃听哭声、私语声。民间传说，七月七牛郎和织女鹊桥相会，互诉衷肠，在夜深人静时仔细听，就能听到他们的私语声或哭泣声。各地偷听的地点略有不一，多数是在豆棚瓜架下，而且据说只有小孩子可以听到。在吉林地区，一般会由不到 12 岁的小孩在黄瓜蔓底下偷听。在天津、晋东南等地，则是小儿躲在葡萄架下细听。在山东枣庄，不满 12 岁的少女傍晚至葫芦架下（传说必须是正月初七种下，逢七浇一遍水，直到七月初七才能灵验），可偷听到牛郎织女说的私房话。在江苏徐州，初七夜于五更时分令一对童男童女坐在豆花棚下，从枝蔓间隙处往上看，据说可见到牛郎、织女两颗星渐渐靠近，相聚于天河，如果足够幸运的话，此时凝神细听，则可听到他们的悄悄话。

七月七，喜鹊稀。在胶东、鲁西南地区，传说七夕这天几乎看不见喜鹊，因为喜鹊都到天上搭鹊桥去了。在黑龙江双城，也传说"是日地上无乌鹊，皆往天上填桥去，翌日视其顶毛必脱，盖为牛女践踏所致"。因为七夕那天喜鹊都上天去搭桥了，所以地上看不到喜鹊，次日待喜鹊回来必能看到其头顶的羽毛脱落，人们就认为是被牛郎织女踩踏掉的。在江苏徐州，初八早晨天亮时，听到各种鸟在鸣叫，便认为是鹊桥已散，群鸟已从天上返回。

蚕神的传说

相传蚕神是一个身披马皮的美丽姑娘，如果用马皮把她完全包住，她立即就会变成一条长有马一样头的蚕，而且还能接连不断地从嘴里吐出细长的闪闪发亮的丝来。那么，这位美丽的姑娘，为何披着马皮，化身为蚕，成为蚕神呢？

原来，在上古时期，有父女二人和一匹公马相依为命。一次，小姑娘的父亲外出远行，但是时间一天天过去了，父亲依然没有回来。姑娘非常想念她的父亲，有一天，她开玩笑地向马棚里的公马说："马儿啊，你若能帮我把父亲找回来，我就嫁给你做妻子。"谁知道，公马一听这话，立马跳了起来，挣断缰绳，冲出马棚，飞驰而去。

不知跑了多少天，这匹公马找到了小姑娘的父亲。小姑娘的父亲一看是自家的马，以为家里发生了什么事，公马是跑来报信的，立即翻身上马，直奔家中。回到家里，女儿告诉父亲，家里并没有发生什么事情，只是想念父亲，公马得知后便去寻找父亲。原本，父亲就很疼爱这匹马，现在听了女儿这番话，越发喜欢公马了。他拿来上等的饲料喂养它，可是公马只是盯着美食，不肯吃，性情也不好，但是，它一见小姑娘走过来，便又呈现出另外一种模样，又跳又叫，神情异常。父亲看到这番光景，心里觉得很奇怪，便趁机问女儿："你告诉我，咱家的马为什么一见你就大跳大叫呢?"女儿只好原原本本地把那天和公马开玩笑的话讲给父亲听，父亲听罢狠狠地把女儿痛斥了一顿。尽管父亲很喜欢这匹马，但他决不能让一匹马做自己的女婿。为了避免这匹马长期作怪，父亲用弓箭把马射死，然后剥下它的皮，晾晒在院子里。一天，父亲外出，小姑娘一边用脚踢着马皮，一边骂道："你这个畜生，还想讨人家做你的妻子! 现在剥下你的皮，真活该!"话音刚落，马皮忽然跳跃起来，包裹起小姑娘的身躯朝门外飞去，在空中转了几圈之后，便消失在茫茫的原野上。

父亲回家后，发现女儿和马皮都不见了，便到处寻找女儿。几天后，父亲在一棵大树的枝叶间发现了自己的女儿，不过，这时她已身裹马皮，成为了一条蠕动的虫，只见她慢慢地摇动着她那马一样的头，不时地从嘴里吐出一条条金光闪闪的细长的丝，并把丝缠绕在树枝上。后来人们就把这吐丝的生物叫作"蚕"，并把此树称为"桑"。小姑娘后来就做了蚕神。

知识链接

诗情画意的"撞拜寄"

在川西民间，湿意蒙蒙的雨水时节流传着这样的风俗。

早晨天刚亮，雾蒙蒙的大路边就有一些年轻妇女，她们手牵着自己幼小的儿子或女儿，在等待第一个从面前经过的行人。一旦有人经过，不管对方是男是女，是老是少，都要上前拦住对方，把儿子或女儿按捺在地，磕头拜寄，给对方做干儿子或干女儿。这在川西民间就称作"撞拜寄"，即事先没有预定的目标，撞着谁就是谁。"撞拜寄"，意在保佑儿女顺利、健康的成长。在现今的一些农村仍然还保留着这一风俗，也有的地方演化为向自己的亲戚朋友拜干爹的，但拜寄之意都是保佑孩子的健康成长。

孟姜女的故事

相传在秦朝的时候，有一户姓孟的人家，种了一棵瓜，瓜秧顺着墙爬到姜家结了瓜。瓜熟了，有一瓜跨两院，两家便商量一家一半。打开一看，里面有个又白又胖的小姑娘，经协商由孟家抚养，取名孟姜女。孟姜女长大成人，方圆十里八里的乡亲，谁都知道她是个聪明伶俐的好闺女。老两口更是把她当成掌上明珠。

一天孟姜女在花园池塘边打捞落水的扇子，恰巧被逃避徭役、躲在花园树丛里的范喜良看见。喜良是个英俊青年，孟家就招他为婿。不料，正当两个人拜堂成亲之时，追兵赶到，将范喜良抓走，送到北方去修万里长城。孟姜女日夜思念丈夫，悲痛万分。有一天，江南飘着雪花，朔风阵阵，孟姜女心想几年来丈夫的衣服早已磨破了，哪能敌得住塞外凛冽的寒风，便决心给丈夫做身寒衣亲自送去。于是棉花厚厚地絮、针线密密地缝，孟姜女把思念

孟姜女庙望夫石

丈夫的一片深情缝进寒衣里。寒衣做好了，她告别父母，背着寒衣，踏上千里迢迢送衣的路途。一路上风餐露宿，饿了，啃口干粮；渴了，喝口山泉水；累了，坐在路边歇歇脚儿。有时阴雨连绵，泥泞遍地；有时飞沙走石，天昏地暗；有时山高路险，猛兽出没；有时大雪纷飞，寒风刺骨。尽管历经艰险，她心头仍抱着一个坚定信念：尽快让丈夫穿上寒衣。可是当孟姜女来到长城脚下，听人们告诉她说范喜良在一年前的冬天已活活地累死，尸骨就埋在万里长城底下，不禁放声大哭。她边哭边双手拍打城墙，边高喊着"范喜良"，边咒骂残酷

的暴君。在她愤怒的控诉过程中，天空中狂风嘶吼，大海上怒涛翻滚，一齐向万里长城压了过来。忽然间天崩地裂一声巨响，一段城墙塌了，露出一具白骨。孟姜女守着白骨哭了七天七夜，之后将寒衣点燃。只见那寒衣缓缓飘起，又缓缓落下，稳稳覆盖在白骨上……

此后，每逢十月初一这天，人们都要用五色彩纸剪寒衣，到坟头上烧给死去的亲人。有的将所剪制的寒衣，悬挂在小树枝上或插在坟头上。通过祭祀寄托人们对故去亲人的缅怀。

春风苏万物——春季节日

　　"一年之计在于春，一日之计在于晨。"春为岁首，春是四季的开始。一元复始，万象更新，春天万物复苏，到处都充满了生命的气息。如没有春的蓬勃律动，也就没有秋的丰富收获，下面让我们走进春的黄金时节，来揭开岁时文化的第一页，看看春季有哪些节日，这些节日又有怎样的习俗。

第一节
火树银花不夜天

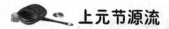 **上元节源流**

上元灯节的起源，是一个从春节设庭燎到设灯，从元日张灯到望日张灯，又受佛教影响将张灯普及的过程。古代国家有大事，便点燃竖在门外的大烛和门内的庭燎，为众照明。

南朝梁时，正月十五已有张灯之举。南北朝时梁简文帝《列灯赋》中说："南油俱满，两漆争燃。何解冻之嘉月，值萱荚之盛开。草含春而色动，云飞彩以释来。"梁吴均在《咏灯》诗中有"能方三五夜，桂树月中生"。同样可证明南朝梁正月望日夜有张灯的活动。在这些诗赋中，完全看不到佛教的色彩，所有的灯树不过是替代自古以来的庭燎。之前有自己的习俗，南北朝这一历史阶段是上元节的形成期。

事实上，上元节形成中还有另一重要因素，即佛教的影响。东汉明帝为提倡佛教，于上元夜在宫中、寺院燃灯表佛。隋炀帝《上元夜于通衢建灯夜升南楼》诗中说："法轮天上转，梵声天上来。灯树千光照，花焰六枝开。"隋炀帝时代的正月十五将陈百戏和"灯火"结合在一起，元宵行乐，始盛于此，即初步形成了元宵节。前引炀帝诗的题目中出现"上元"一词，按照道教的说法，上元是天官赐福之时，要有宗教活动。正月十五张灯称为上元可追溯于此时。当然，元宵节不可能一下子形成于炀帝时期，它必须有节日的民俗基础，可知它同魏晋南北朝时代正月十五风俗的发展有直接关系。

如果说佛教对于上元燃灯的影响在隋代以前由于缺乏资料还近乎推理的话，那么唐代资料可以较充分地说明此点。燃灯是佛教重要活动，佛教是重

历史悠久的划旱船

视燃灯的，此事如与大神变日满为正月十五的说法结合，对于在中国宣扬佛法争取民众是很适宜的。上元灯节在唐代正式形成，佛教借助了中国古代正月十五的传统，巧妙地宣传并融入佛教，并给节俗以很大的影响。也可以说，佛教促进了正月十五张灯之俗的普遍化和正式形成。

宋代灯节十分热闹，灯的品种繁多，仅据范成大《上元纪吴中节物俳谐体三十二韵》描绘到："云窗花眼密，千隙玉虹月。"当时灯市兴盛，百姓张灯形式主要是洞门灯，灯的式样有莲花灯、桥灯、鹿灯、万眼灯、琉璃球灯十几种。除张灯外，民间社火、划旱船也是节日娱乐项目。

宋代还产生了上元节赏灯谜的活动。《武林旧事·灯品》："又有以绢灯剪写诗词，时寓讥笑，及画人物，藏头隐语，及旧京诨语，戏弄行人。"所谓隐语即谜语，藏头是将谜底隐在每句的开头，是隐语的一种。

明代灯节中，张灯、观灯、猜灯谜更加普遍。各地的灯市普及，每逢过节，除各家张灯外，邻里街坊还合作制作灯棚，也有人出面集资组织专门的赏灯之处。

放烟火是明代上元节的又一重要景观，增加了节日的热闹气氛。正德《琼台志》记载了海南的烟火："官衙烧火树银花，巧藏故事、生禽、炮杖声震不绝。乡落男妇二三十里者入城聚观，名曰放烟火。"烟火的种类丰富。江苏高邮的烟花爆竹有名，万历《扬州府志》说："高邮州火炮制作淫巧，尤为靡费，或数百为团，或径尺为筒，远近争诧为奇。"值得一提的是"走百病"风俗在元代已经出现，明清时代在正月十六傍晚盛行"走百病"活动，走百病又叫散百病、游百病、遣百病、除百病等，一般是登高走桥，赴庙进香，说是可以去除疾病。参加者在一些地区是男、妇结伴，也有相当多的地区是女人甚至病妇进行。

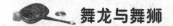

舞龙与舞狮

1. 民间艺术荟萃

舞龙舞狮贺节是中国人的习俗之一，因此每逢春节、国庆等大喜之日总少不了它，而元宵节时，舞龙舞狮也成了必备的节目。

舞龙舞狮多半由民间的武馆担任。舞狮较简单，一人擎狮头，一人擎狮尾，一人戴大头面具、手执蒲扇，扮大头和尚；也有一人扮小狮的。配合起来表演各种狮子的动作，诸如打滚伸腰、抓耳挠背、跳跃捕食，等等。

舞龙就复杂了，一般需要十几个人才舞得起一条龙来。龙头龙身的制作也十分昂贵而考究。龙头用竹片扎成，糊以彩纸、敷以彩绘，重可达二三十斤。龙身则分成10余节，亦以竹篾作身，外敷彩纸，龙鳞以金箔或银箔贴制。舞龙时，一人持龙头，其他人持龙身，还有一人持火球引龙捕捉，称作"龙戏珠"。只见巨龙回翔腾挪、蜿蜒波动，真是势若游龙，引人入胜；再加上旁观者纷纷以鞭炮朝龙身上抛掷，哔剥之声夹杂着烟火的硝味，把在场的每个人的情绪都带入最高潮。

舞龙舞狮是要"讨彩"的，当龙队或狮子来到人家门口，舞弄一番后，家

传统舞龙表演

主便以红包一个赠送舞者，多寡不拘。此外，像踩高跷、跑旱船等，更是民间艺人借此捞一笔外快的大好时机。

踩高跷不仅仅是装扮成戏曲小说中的人物，踏在高跷上四处行走而已，讲究一些的还要表演飞脚蹬踢、翻滚过墙的动作。据说最早的时候，这是在为元宵节过后，下海捕鱼的一种试跷活动。原来古时有些渔夫捕鱼是踩着高跷下到不太深的海中，撒网捕鱼的，而元宵节踩高跷是预先检查一下工具有没有损坏，并且高跷的表演也和海中捕鱼的动作十分接近，以踩高跷来预习下海捕鱼。后来渔民大多乘船捕鱼了，踩高跷也变成纯粹的娱乐活动。

舞狮表演

跑旱船是在陆地上模仿船行动作，表演跑旱船的大多是小姑娘，她们来自乡间，趁农闲时外出表演，赚一点钱。旱船不是真船，只用两片薄板，锯成船形，系在身子两旁，手里拿着桨，做划行的姿势，两腿不断地跑来跑去。一面跑，一面唱些流行歌曲、地方小调，这就是跑旱船了。有时还有另一个男的扮坐船的船客，搭配着表演。这个人多半扮成小丑，以各种滑稽的动作来逗观众笑乐。

这些民间艺术表演，给元宵节带来了浓厚的过节气氛，官商士庶无不摩肩接踵争着看热闹，如山似海的人潮，共同组成了元宵节最欢乐的画面。

迎紫姑

妇女们在元宵节里的活动很多，像观灯观戏、走百病、偷青、听响卜等都十分有趣，而最奇特的莫过于迎紫姑了。

紫姑是上古时代一位被大妇妒害的女子。在南北朝时期的宋人刘敬叔《异苑》里说："紫姑，世有紫姑神，古来相传是人家妾，为大妇所妒，每以秽事相次役，正月十五感激而死，故世人作其形。夜，于厕间或猪栏边迎之。"

至于怎样扮成紫姑之形呢？在明人刘侗的《帝京景物略》卷二"春场"云："正月……望前后夜，妇女束草人、纸粉面，首帕衫裙，号称姑娘，两童女掖之，祀以马粪，打鼓歌马粪芗歌，三祝，神则跃跃……"这里是束草为人，为之穿衫裙首帕，并以纸制假面的紫姑。另一种则是以扫帚来穿衣服扮紫姑的，据清人《都城琐记》里说："燕都杂咏：'敝帚挂红裳，齐歌马粪香；一年祝如愿，先拜紫姑忙。'注云：'正月闺中用帚插花穿裙，迎紫姑神于厕，以占休咎。'"

迎紫姑的目的是占卜休咎，在乡村的女子卜紫姑是为了占蚕桑，《荆楚岁时记》云："正月十五，其夕迎紫姑以卜将来蚕桑。"因此江浙一带的养蚕妇女，每年正月十五的清晨，照例要沐浴焚香，红裙素手地把一大早煮好的白膏粥，涂在屋梁上面祭祀蚕神，这也可见我国农村妇女勤劳的美德。

城市女子则占众事，例如何时得与郎君缔结良缘、何时添丁，等等；也有让紫姑来猜数，像猜某女几岁、女口袋中有几枚铜板，等等。紫姑附身在穿裙的草帚上，草帚在两位童女的扶掖下，会自动地敲打桌面。

迎紫姑时，也有用簸箕来代替草帚的，称迎箕姑，此外还有针姑、苇姑或帚姑，都是类似的活动。迎紫姑在后世传到北方称祝姑，传到南方则成了"踏月"。

迎紫姑之前，要把厕所、猪栏等地打扫干净，这也是寓工作于娱乐，借此做一番大清扫。

看花灯

"谁家见月能闲坐，何处闻灯不看来。"元宵盛景，元宵风俗，一切都与灯有关，而元宵灯节，最离不开的就是各式各样的花灯了。可以说，元宵盛景、元宵风俗也都来自这五彩斑斓的各式花灯。其实，过去许多地方新年前后，市面上就开始有各式花灯了，至元宵尤盛，品种之多，让人目不暇接。南宋周密《武林旧事》卷二专有"灯品"一节，写的就是当时各种各样的花灯：灯品至多，苏福为冠，新安晚出，精妙绝伦。

所谓"无骨灯"者，其法用绢囊贮粟为胎，因之烧缀，及成去粟，则混然玻璃球也。……此外有鲌灯，则刻镂金珀玳瑁以饰之；珠子灯则以五色珠为网，下垂流苏，或为龙船、凤辇、楼台故事；羊皮灯则镂镞精巧，五色妆染，如影戏之法；罗帛灯之类尤多，或为百花，间以红白，号"万眼罗"者，此种最奇。此外有五色蜡纸菩提叶，若沙戏影灯，马骑人物，旋转如飞。又有深闺巧姥，剪纸而成，尤为精妙。每种花灯外形生动，肖人肖物，千姿百态。过去众多花灯中，有一种生肖灯，做得惟妙惟肖，其中又以兔儿灯更受孩童喜欢，至今仍是如此。有灯即有灯市，《清嘉录》记吴中灯

精妙绝伦的花灯

市，也可见周密所言"苏福为冠"：货郎出售各色花灯，精奇百出，如像生人物，则有老跎少、月明度妓、西施采莲、张生跳墙、刘海戏蟾、招财进宝之属；花果则有荷花、栀子、葡萄、瓜、藕之属；百族则有鹤、凤、猴、鹿、马、兔、鱼、虾、螃蟹之属；其奇巧则有琉璃球、万眼罗、走马灯、梅里灯、夹纱灯、画舫、龙舟，品目殊难枚举。至十八日始歇，谓之灯市。

　　另外，在争奇斗艳的各色花灯中，有一种被称作"走马灯"的更是精妙绝伦，其不仅形象生动，更体现出中国人民的聪明与智慧，李约瑟的《中国科学技术史》中将它提到一种科学创造的高度。富察敦崇《燕京岁时记》中有"走马灯"的记述："走马灯者，剪纸为轮，以烛嘘之，则车驰马骤，团团不休，烛灭则顿止矣。"

　　元宵灯会上，过去许多地方的民间百姓，还要做一种叫"灯树"的大型花灯，即以一个高大的灯架为主干，四周做成形如大树的分枝，上面安置上无数的小灯。元宵夜众灯齐放，蔚为壮观。后周王仁裕的《开元天宝遗事·百枝灯树》中说："韩国夫人置百枝灯树，高八十尺，竖之高山上，元夜点之，百里能见，光明夺月色也。"

　　元宵灯节，各地沿街灯彩高悬，锣鼓喧闹，观者如潮。而各地张灯、观灯之俗也各具特点，下面列举一二。

　　河南沁源县，以正月十四至十六为灯节。各家要用芊草束缚成把，插纸花于其上，分散到粪堆旁，名曰散花。又以秫秸数根，将一端劈成篾子，每篾尖端，扎一短节秫秸，插于门外，称挞鬼棒。晚间以米面制成灯，点放各处，谓之灯山。儿童小孩乘无人之时，将面灯偷回吃掉，因为此地百姓认为

此灯是神用之物，吃了以后能免灾去病。

江苏仪征百姓，在元宵灯会期间，所进行的一种叫"花鼓灯"的游戏，也是十分有趣的。八人涂面持灯，串演当地戏文，谐趣逗笑，给当地百姓在节日中增添了欢乐。

湖北黄陂在元宵节这一天，每个村落都有灯会。灯会上要竖牙牌，上书吉祥语。每户必设香案，以龙首据案享受。随龙有四位老者，立于香案左右，祝以吉语。一直要到正月二十以后，各家将灯送入庙中，灯会才算结束。

我国四川的一些地方，元宵节在各类观灯、赏灯活动之余，还有一种叫"灯山会"的风俗，也十分盛行。即在元宵节前后，邻居就要轮流设酒聚饮，此时主人这一家必须挂各种花灯来迎客，以灯多为情盛。嘉庆《峨眉县志·方舆志》中就记载说："上元约集比邻供灯，轮次聚饮，日灯山会。"这种风俗活动，体现出中国百姓之间的人情味与中国人的好客传统。

元宵点灯的风俗，有的还与抗击外来侵略有关，例如浙江的一些地区，在元宵节期间有所谓"间间亮"的说法，即从正月十四开始，各家各户都要将点燃橘篮灯、橘花灯挂在每一间屋子里。其地橘树很多，所以还要在橘树上挂上点亮的灯。相传当年抗倭英雄戚继光有一年在正月十四打败了来犯的倭寇，有一些残败倭寇逃到了橘树林中与民房里，戚继光就率军民点上灯，一户一户地搜，最终全歼倭寇。以后每年元宵节，当地橘农就用点灯来纪念这位抗倭民族英雄。

宋代女词人朱淑真在《元夜》中写道："火树银花触月红，揭天鼓吹闹春风。"更有辛弃疾的千古名句"东风夜放花千树，更吹落，星如雨。宝马雕车香满路，凤箫声动，玉壶光转，一夜鱼龙舞。"元宵节是欢快的，灯火齐放，鼓乐齐鸣，一个"闹"字，将红红火火的花灯节，又增添了几分热热闹闹的"人气"。所以元宵节的热闹气氛，除了来自点灯、观灯以外，还在一个"闹"字，因此"闹元宵"也就成了我国各地必不可少的风俗活动了。每年元宵节一到，民间百姓便要结队游行，敲锣打鼓，欢庆节日的到来。明万历《海盐县志》载："上元前后，里中年少合金鼓管弦为乐，曰闹元宵。其乐有《太平鼓》等。"顾禄的《清嘉录》中也有此风俗活动的记载："元宵前后，比户以锣鼓铙钹，敲击成文，谓之闹元宵。"其时，每户数人持锣鼓沿街敲打，气氛热烈，十分热闹。湖南一些地方，元宵夜，有的人扎龙灯在街市上游行，或到亲族戚友家中舞弄，在当地此俗也被称为"耍元宵"。范来宗有一首《锣鼓》诗，专写"闹元宵"之俗：

　　　　轰连爆竹近还遥，到处喧阗破寂寥。

　　　　听去有声兼有节，闹来春节过元宵。

吃元宵

　　闹完元宵吃元宵。说到元宵节的风俗，就不能不说说"上灯圆子落灯糕（面）"的元宵食俗。

　　"元宵争看采莲船，宝马香车拾坠钿。风雨夜深人散尽，孤灯犹唤卖汤元。"清代诗人李调元的这首诗，向我们描绘了元宵节吃元宵（也称汤圆）的风俗画面。元宵节吃元宵的历史已十分久远了，元宵

元宵汤圆

节吃元宵，是取团圆如月团团圆圆的吉祥之意。宋代吕原明《岁时杂记》中说："上元节食焦健最盛且久。"这"焦健"其实就是指的后来人们所说的"元宵"，只是吃法上是以油炸的。其实在宋代，元宵节所食的元宵也有如我们常见的水煮的一种，吕原明在《岁时杂记》中也有这类的记载，说当时东京元宵节所吃的是："煮糯为丸，糖为腥，谓之圆子盐豉。"通俗地说，元宵就是一种圆子，取"圆"之意，是因元宵节正值月圆之时，所以元宵节吃此种食品，多为一种理想的寄托，文化意味远远超过了单纯的食物本身。元宵多以糯米磨粉做成，中间放入各种不同的馅，或水煮，或油炸，因它是元宵节所食，故得此名。

　　清人符曾《上元竹枝词》云："桂花香馅裹胡桃，江米如珠井水淘。见说马家滴粉好，试灯风里卖元宵。"说的就是其时京城一马姓人家所做的元宵名噪一时。

　　南宋以后，元宵的品种开始丰富起来，常见的有五味圆子、澄沙圆子、乳糖圆子等。做法上有实心与馅心之分。实心的比较小，而带馅的内里则是各式各样，有荤有素。

　　民间吃元宵一般都在元宵上灯的这一天（正月十三），所以称"上灯圆

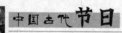
子"。而落灯这天（有十五也有十八），北方则有"落灯面"的说法，即此日须吃面条，意谓天长地久，延年益寿。而南方则有吃"落灯糕"的习俗。钟毓龙《说杭州》中讲："是日为落灯节，于神像前供年糕，合家食之。有年年高升吉利含义。过年至此始定。"

直至今日，元宵节吃元宵的风俗仍很盛行，而且品种更多，制法更精。

 知识链接

闹元宵的由来

传说古时候，凶禽猛兽很多，到处伤害牲畜。人们为了保护家园，就联合起来去打它们。有一天，一只神鸟因为迷路而降落人间，被一个猎人给误射杀了。天帝知道后大怒，立即传旨，让天兵于正月十五到人间放火，把世间的人畜通通烧死。天帝有个善良的女儿，她知道这件事后，不忍心看到无辜百姓受难，就冒着生命危险，偷偷来到人间，把消息告诉了人们。众人听说了这个消息，犹如头上响了一个雷，吓得不知如何是好。过了半天，有个老人家突然站出来，他说："在正月十四、十五、十六这三天，每户人家都在家里挂灯笼，点响爆竹，燃放烟火。这样一来，天帝就会以为人们都被烧死了。"大家听了都点头称是，便分头准备去了。到了正月十五这天晚上，天帝往下一看，发觉人间一片火海，喊声震天，连续三个夜晚都是如此，以为人们已被通通烧死。就这样，人们保住了自己的生命及财产。从此，每年一到正月十五，家家户户都悬挂灯笼、放烟火来纪念这个日子。

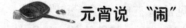 **元宵说"闹"**

元宵节离不开"闹"，张灯、观灯、赛灯叫"闹花灯"，社火百戏叫"闹社火"，整个的活动叫"闹元宵"，仿佛不闹就不成其为元宵节。于是采诗观

美丽的烟火

风的民俗志学者说：正月初旬以至灯市，十余日，昼夜游观，男女杂沓，竞制龙灯，极其精工。大龙灯一条，所费不下数十金。锣鼓喧阗，举国若狂元宵前后，比户锣、鼓、铙、钹敲击成文，谓之闹元宵。有跑马、雨夹雪、七五三、跳财神、下西风诸名。或三五成群，各执一器，儿童围绕以行，且行且击，满街鼎沸，俗呼走马锣鼓。锣鼓喧阗、满街鼎沸、举国若狂，不能不是闹元宵。除了那些记录民俗民风的文字以外，文人骚客对这"闹"也深有体会，宋姜夔《观灯口号》云：

游人总带孟家蝉，争托星球万眼圆。

闹里传呼大官过，后车多少尽婵娟。

文锦坊西后市南，闹竿挑过百花篮。

少年游手夸轻俊，拾得双头碧玉簪。

　　轰连爆竹近还遥，到处喧阗破寂寥。

　　听去有声兼有节，闹来春节过元宵。

　　爆竹、烟火自然有几分闹意，但这闹还在于人。在旧时乃至现今的乡里社会，春节刚过，闹元宵的工作就开始准备起来，筹资、组织队伍是乡社公共活动中的大事，村里的头面人物要出面商讨。筹备工作之后，接着就是排练、试验，其间的锣鼓声昼夜不绝，早透出几分闹的气息来。初十刚过，十一、十二、十三的时候，百戏社火便搬演开来，走街串巷，穿村越寨，直闹到十六、十七。不仅闹的时间长，闹的名目也多，明刘侗、于奕正在《帝京景物略》中指出有鼓吹、杂耍、弦索："鼓吹则橘阳律、撼东山、海青、十番，杂耍则队伍、细舞、筒子、斤斗、蹬灯、踢梯，弦索则套数、小曲、数落、打碟子"。

　　据《帝京景物略》所载，大多是杂戏，也就是现代所谓杂技，仅是元宵之闹的一部分。此外就是社火，这是规模和影响更大的，诸如踩高跷、跑旱船、耍狮子、舞龙灯、扭秧歌、打腰鼓等，一队社火过来，除了声震四野的锣鼓声以外，踩高跷的还装扮出八仙过海、西天取经、白蛇传等故事来，八仙、唐僧师徒、许仙白蛇小青以及虾兵蟹将俨然其中，孙猴子自然是跑前跑后、吆五喝六的，更有一个耳戴红辣椒、手拿笤帚的老太婆扮演丑角，一会儿逗端庄的白蛇，一会儿逗古板的唐僧，洋相出尽，引人发笑；跑旱船的自然是年轻闺女媳妇，手提船帮摇风摆浪，摇橹扳船的则毫不费劲，同时又要显出上波峰下浪谷的情形来，让船里的年轻女人前仰后合，乐呵呵美滋滋地担惊受怕……

　　元宵之闹，除了花灯烟火、百戏社火的装饰、点染之外，最突出的就是人多。从元宵节民俗形成后的那些文字记载中可知，当时元宵观灯游玩的人们已经是肩摩踵接、街填巷塞了。尤其是那时候实行宵禁，平日夜晚难得游玩，其间的反差就更大了。而闺阁绣楼里的小姐丫鬟和平时没时间游玩的村姑农妇这天也可以出来，人数之多就更可以想见了。

　　中国古代的妇女、尤其是未嫁的姑娘们要守贞守节，平时不说夜晚，就是白天也难得出门，因此元宵期间当然要作竟日游的，甚至日出灯昏的时候，还有几分恋恋不舍。也正因如此，元宵节才引出无数风流故事来，谱写了许多可歌可泣的爱情篇章。有人称之为中国古代的"情人节"。

　　说闹，就不能不说摆戏。这里的戏不是前述的杂戏、百戏，杂戏、百戏相当于现代的杂技，这里要谈的是名副其实的戏。就现在的中国戏曲来说，可以分出大戏、小戏。大戏是由小戏发展来的，比如今天的京剧、豫剧、晋剧、黄梅戏等。大戏需要比较高的演出条件，在乡村里相对少见，但搭野台子或野场子搬演的也不是没有。每当求神赛社或节庆时期，这戏也就演了起来。并且还有专门的节日戏，比如五月十三关公诞辰演关公戏，七月十五目连救母日演目连戏。鲁迅先生的作品中对家乡绍兴的社戏作过精彩的描述，那气氛就一个字——"闹"。大戏闹，小戏也闹。本来小戏就是只有两三个演员登场的两小、三小戏，看似热闹不起来。但这种小戏有它的绝招，它不注重故事情节，而是注重情趣、气氛，演员的表演十分注重逗趣、打闹。当台子上载歌载舞、团花簇锦旋转起来的时候，十分热闹。

闹又自有其价值在，中国人是比较欣赏闹中取静的，其实春节之闹、元宵之闹、社火之闹，也都有闹中取静的意义。只有闹够了，才能休息好，也才能更好地干活。同时，人们认为这样闹了，生活才有意思。因此，它是一种生活的补充，有了它，生活才充实、才祥和、才五彩缤纷。

第二节
二月二龙抬头

中和节

中和节，又名二月二"龙抬头"。本来在二月一，后将土地神生日也纳入其中，故改在二月二。

据《唐书·李泌传》记载，唐中叶以前，春天只有三个节日：正月九，正月晦（三十）和三月上巳节。其中两个节在正月，而二月没有节日。唐德宗时，李泌上书，废正月晦，以二月一为中和节，以示务本。德宗十分赞同，便下令以正月初九、二月朔和三月上巳合称"三令节。"潘荣陛《帝京岁时纪胜·二月》："（二月）初一为中和节，传自唐始。李泌请以二月朔为中和节，赐民间以囊盛百果谷瓜李种相间遗，号献生子，令百官献农书。京师于是日以江米为糕，上印金乌圆光，用以祀日，绕街遍巷，叫而卖之，曰太阳糕。其祭神云马，题曰太阳星君。焚帛时，将新正各户张贴之五色挂钱，摘而焚之，曰太阳钱粮。"民国《奉天通志·岁时》："二月初二'中和节'，俗称'龙抬头日'，以惊蛰率在此节前后，故云。人家晨起以灶灰撒院中，左右作大圆圈，复由堂门撒至大门，延至井堰，名曰'引龙'。妇女或以锦制成鸡形，悬之室中，谓能避蚰蜒，制虫蚁。是日，多食春饼。至夕燃烛室中暗陬，名曰'照虫烛。'"民国《辽中县志·岁时》："靠二月二日，俗称'龙抬头'。晨起以竿敲梁，谓之'敲龙头'，意谓龙蛰起陆，盖时近惊蛰之期。农家成以粗米面作饼及馒首而为早餐。妇女于这日为童孩剃头，盖取龙抬头之意云。"

上文中记载表明，中和节是从唐德宗时期确认的，但是，中和节有些活动内容却不自唐代始，如周朝就有春分去东郊祭日、秋分去西郊祭月。唐德宗时期，从春分活动中吸取了祭日的内容，充实了中和节，于是中和节与春分混而难分。在浙江绍兴以"二月初二为百花生日，故称此日为花朝。……是日士人竞买花木，植之园圃。"但有些地方则以二月十二为百花生日。《中华全国风俗志》下篇卷三："二月十二日，为百花生日，闺中女郎，剪五丝缯，沾花枝上，谓之赏红。"同书下篇卷四《浙江》则称："二月望日为花朝节，盖花朝月夕，……二八两月为春秋之中，故以二月半为花朝。"由此看出，由于我国地域辽阔，各地风俗不同，人们对二月二也给予不同解释。

祭太阳神

太阳神，又称日神。太阳神是最古老的自然崇拜之一，在内蒙古阴山岩画和云南沧源岩画中就有拜日神的形象。道教兴起后，多称祭太阳星君、日神。

我国古代祭太阳神，有三个时间：二月初一、三月十九和十一月十九。

关于太阳的传说很多，最早是 10 个太阳，后羿射下了 9 个，便只剩下 1 个太阳。又传说太阳是男子，月亮是女子，有些少数民族则传说太阳是女子，月亮是男子，彼此还有一段爱情故事。从汉代画像石上看，太阳中居住着雄鸡，后来又把太阳神人格化为牛首人身的炎帝。这些传说虽然是远古时期人们的伟大想象，但也反映了一些历史实际，即太阳是给人类带来光热的最大天体。人们日出而作，有了温暖，可以种植庄稼；但是入夜和阴天太阳又消失了。诸如此类变化，必然使人们不断联想，最后塑造为太阳神。至于太阳中的玉鸡传说，可能是把日出与鸡鸣联系起来，认为太阳和鸡是伴侣，而真正的鸡——金鸡或玉鸡则居住在太阳中。一旦鸡鸣，人们就起床，开始了一天的耕耘。

祭太阳时，必供太阳糕。《燕京岁时记·太阳糕》："初一，市人以米面团成小饼，五枚一层，上贯以寸余小鸡，谓之太阳糕，都人祭日者买而供之，三五具不等。"这种糕以江米粉制成，上印太阳和乌鸦的图案，有的糕上塑一小鸡。民间以吃太阳糕为美食，同时喝"中和酒"。宫廷也流行太阳糕，《天咫偶闻》卷十："二月初一，太阳宫进香，人家以米糕祀日，糕上以彩面作鸡形。"民国《通县志要·岁时》："二月一日，祭太阳，用凉水一大碗，饼一张。"

山东有吃蝎子毒的习俗。《中华全国风俗志》下篇卷二《山东》："阴历二月初二，高唐有一二种奇俗，名吃蝎子毒。蝎子为蜘蛛属，长三寸许，色青黑，全身环节而成。尾端有毒钩，能注射毒液杀人。高唐之人，用黄豆盐水泡之，经二十四小时后，将水滤去晒干，置锅中炒熟食之，其意春雷鸣动，万蛰皆起，而此蜇人之蝎子，亦将出蛰……谓吃尽其毒，可免为其所蜇也。"

知识链接

太阳神的传说

金乌，汉族神话中太阳之灵，形态为三足乌鸦，共有10只，它们住在东方大海扶桑树上，轮流由它们的母亲——羲和驾车从扶桑升起，途径曲

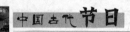
阿山、曾泉、桑野、隅中、昆吾山、鸟次山、悲谷、女纪、渊虞、连石山、悲泉、虞渊。

东君，中国古代楚国神话中的神祇。楚国诗人屈原的著名诗篇《九歌》中的第七篇就名为《东君》。关于东君的神格，历来说法不一。通常认为东君是指太阳神，但也有月神说。《九歌》首篇的《东皇太一》中所歌颂之神东皇太一作为太阳神的神格似乎更为明显，因此又有说法认为东君即为东皇太一。

土地公诞

中和节至清中叶以后，已逐渐为人们所淡忘，所以晚清让廉在《春明岁时琐记》里要说："中和节，今废而不举。"甚而把中和节误植到二月初二；或许二月初二是土地公诞辰，人们祭土地公也是为了祈求丰收，所以前后只差一天的两个节日逐渐被人们混为一谈了。

土地公也称福德爷、伯父、福德正神，他就是古代的社神。"有土斯有财"，由于民生日用衣食所需，皆取自土地，所以尊称土地为"土地公"而按时祭祀。在《台湾省通志》上说："土地公之信仰，即土地之神，源于古代之社神。台民祀土地神，极为普遍，无论里社、陌路阡头，皆有小庙，俗称'土地公庙'。土地公为县以下乡里之神，蚩蚩者氓，奉之为护土神，以其造福乡里，施德万民，尊称'福德正神'。"各地祭土地公的习俗不同，有单祀土地公者，亦有将土地公、土地婆合祀，简称为"土公土母"。其庙宇格式亦不一；俗云"土地老爷本姓张，有钱住大屋，没钱顶破缸"，豪华的土地公庙可以和关帝庙、妈祖庙看齐；简陋的，甚至可以用石片四块，一片作顶、三片作墙，或用一只破缸覆在地上，也称为土地庙。无论堂皇简陋，在人民的心目中，土地公总会尽其护土之责。

正由于土地公关系着民生衣食，所以他也是一年之中被祭祀得最多的神

豪华的土地公庙

祗。每月的初二及十六均有祭祀，称为"做牙"。"牙"是"迓"的讹写，"迓"是迎接的意思，人们希望借着祭祀土地公而迎迓福祉。二月初二的迓礼称为"头迓"，十二月十六日之迓礼，称为"尾迓"。不但农民祭祀土地公祈求丰收，商人也视土地公为财神而具馔祭祀如仪呢！

二月初二的头迓，人们以纸钱（俗称"土地公金"）系于竹枝上，插立田间，以奉献土地神，这是上古春祈的遗意，祈求土地公带给人们一年的丰收。这在性质上与二月初一中和节祭太阳神极为相近。

近人吴瀛涛在《台湾民俗》中云："（二月）初二日，亦称'头牙'，而与农历十二月十六日之'尾牙'对称。一般家户备牲醴，烧土地公金，燃放爆竹，为土地神庆寿，并同时拜地基主。拜毕，家人团食，谓'食头牙'。商户做头牙尤盛，店主盛宴店员。头牙特制食料润饼；系以润饼皮，内卷包豆菜、红萝卜、笋丝、蒜头、虎苔等各色杂菜，或豆千丝、肉丝、花生粉末、蛋燥（煎蛋片）等多项食品，即系春饼（春卷）不炸油者，均极可口，为一营养特殊食品。"说明了中国人重视二月初二土地公诞辰的情形。

二月二与龙抬头

中唐时二月二日有出郊外游玩的春游活动。如白居易有以"二月二日"为题的诗歌："二月二日新雨晴，草芽菜甲一时生。轻衫细马春年少，十字津头一字行。"描写春游的青年很多，在渡口都排列成一队行走的情形。从中唐至晚唐的诗人韩琮在题为《二月二日游洛源》的诗中说："旧苑新晴草假苔，人还香在踏青回。"唐代民间有二月二日春游踏青之俗，采菜是其中的一种活动。

宋代也流行二月二春游采菜，甚至以"挑菜节""踏青节"命名二月二日。宋代的《壶中赘录》说："蜀中风俗，旧以二月二日为踏青节，都人士女络绎游赏，缇幕歌酒，散在四郊。"（《岁时广记》卷一引）可知北宋初年二月二日春游之盛。而北宋哲宗、徽宗时张秉"二月二日挑菜节，大雨不能出"的题诗，使我们了解到挑菜在二月二日重要到名节的地步。南宋周密《武林旧事》卷二有《挑菜》项，记载当时宫中还举行挑菜的御宴。挑菜之俗在宋以后一直流传下来。

二月二日还有"迎富"之俗。唐末五代之际韩鄂《岁华纪丽》说："昔巢氏时，二月二乞得人子，归养之，家便大富，后以此日出野，日采蓬，兹向门前以祭之，云迎富。"此迎富之俗实际上包含两层意思，一是巢人乞子以得富，二是出野彩蓬门前祭之。二者均祭祀于门，迎富、祈福略有差异，实质都是求吉祥。唐代二月二日春游之俗的流行，同改晦日为中和节有密切关系。

元明清时期，二月二日除踏青活动外，盛行"龙抬头"风俗。目前已知最早记载"龙抬头"风俗的，是元代的《析津志·岁纪》："二月二日谓之龙抬头。五更时，各家以石灰于井畔周遭掺引白道直入家中房内。男子妇人不用扫地，恐惊了龙眼睛。"明清时代龙抬头的风俗主要有以下几项：一是引龙。或各家早起汲水，谓之引龙；或以灰引至门，叫作引钱龙；或开庙门祭龙神，名为引龙。引龙反映了人们渴望风调雨顺的良好愿望。二是煎饼贴符。煎饼体现的是通过把食品煎来煎去、翻来覆去，高温加工，以震慑春天萌动的害虫。三是以灶灰围屋等。四是打扫卫生，通过扫室以避蛇虫。五是忌针。

惊蛰是冬眠百虫苏醒开始活动的节气，汉代以后其时间在二月初。民间认为这时龙也同百虫一起苏醒、抬头。其实此龙是指二十八宿中的东方苍龙，每年二月春分以后的黄昏龙角星从东方地平线出现，这时整个天龙的身子尚隐没在地平线下，故称龙抬头。而在正月之前的整个冬季，东方苍龙星座在黄昏时均隐没在地平线下，人们认为这是龙在蛰伏。将龙视为神灵，同秦汉以后苍龙星座出现东方的时间推迟有关。春分前的节气是惊蛰，自然更容易同龙联系起来。龙抬头的风俗不是突然产生的，元代之前它已存在于祭祀社神勾龙中。华北龙抬头风俗是社祭加上惊蛰的观念。随着社祭的衰退，移向龙神庙祭祀，龙神庙的祭祀是祈雨，其简略化便产生了"引龙回"。

第三节
清明时节草青青

宋代诗人高菊卿《清明》诗云："南北山头多墓田，清明祭扫各纷然。纸灰飞作白蝴蝶。泪血染成红杜鹃。日落狐狸眠冢上，夜归儿女笑灯前；人生有酒须当醉，一滴何曾到九泉！"

清明是个古老的节日，从而有种种的习俗，下面分别从禁火寒食、扫墓祭祖、插戴柳枝和节令游戏等角度，来谈谈古代中国人的清明节。

上巳、寒食与清明

在远古时代，三月上旬有三个节日——清明、上巳与寒食；在性质上，这三个节日都与宗教鬼魂有关，所以容易引起后人的混淆，今分述如下。

三月上巳是周朝以前就已出现的节日，据《风俗通》一书所载，"郑国之俗，三月上巳，于溱洧两水之上，执简招魂，祓除不祥。"也就是说，在三月上旬第一个巳日，在水边举行招魂禳灾的仪式。到了汉朝，三月上巳这天仍

清明节祭扫

是人们所重视的节日。像《后汉书》周举传云："六年三月上巳，商大会宾客宴于洛水。"

但魏晋以后，因为上巳究竟是阴历哪天，每年并不一致，人们便舍三月上巳而改在阴历三月三日过节了。明人谢肇淛《五杂俎》卷二中说："三月三日为上巳，此是魏、晋以后相沿，汉犹用巳，不以三日也，事见宋书。"在三月三日这天，有曲水流觞的活动，这便是承袭古代上巳在水边执简招魂的活动而来的。"觞"是椭圆形、带把手的浅木盘，里面可以盛酒，把盛酒的觞漂在水面上，人们站在水边，当觞流到面前时，便捞来饮觞中之酒，这就是"曲水流觞"的情形。

寒食是稍晚于上巳的节日，它的起源据说与春秋时晋国公子重耳的臣属介子推有关。重耳流亡国外10余年，介子推护驾有功。当重耳返国即位，介子推却躲入深山中避官。重耳想以放火烧山的方法逼出介子推，不料却把介子推烧死在山里了，这是三月五日的事。后人为纪念介子推，而在三月禁火三日。

　　寒食的第三天就是清明节。唐朝时清明前两天禁火，到了第三天清明节晚上，即由宫内传火炬出，赐近臣，这就是唐朝诗人韦庄诗所云的"内官初赐清明火"。清明过了，炉火也称作"新火"；杜甫诗"朝来新火起新烟"，亦形容寒食结束后新燃的炉火。当时官府执行寒食甚严，如果某人家的炉火有温度，把一根羽毛插入炉灰中，羽毛变焦了，就犯罪论死。为此，寒食节的前几天，人家纷纷制作甜饧（麦芽糖），吃冷粥干饼时，掺一点甜甜的饧浆比较容易下咽。所以寒食节里，吹箫卖饧的小贩特别多；唐人李商隐诗"粥香饧白杏花天"、刘筠诗"饧市喧箫吹"、宁祁诗"箫声吹暖卖饧天"，都是描述寒食的情景。

　　宋朝人十分懂得生活情趣，且看看北宋孟元老《东京梦华录》卷七里，描述当时汴京人如何过寒食、清明节。

　　清明节，寻常京师以冬至后一百五日为大寒食。前一日谓之"炊熟"，用面造枣𬬻飞燕，柳条串之，插于门楣，谓之"子推燕"……士庶阗塞。诸门纸马铺皆于当街用纸衮叠成楼阁之状。四野如市，往往就芳树之下，或园囿之间，罗列杯盘，互相劝酬。都城之歌儿舞女，遍满园亭，抵暮而归。

　　各携枣𬬻、炊饼、黄胖、掉刀、名花异果、山亭戏具、鸭卵鸡雏，谓之"门外土仪"。轿子即以杨柳杂花装簇顶上，四垂遮映。自此三日，皆出城上坟，但一百五日最盛。节日，坊市卖稠饧、麦糕、乳酪、乳饼之类。缓入都门，斜阳御柳；醉归院落，明月梨花。而清明活动之中最具特色的，就是扫墓了。

 **清明扫墓与踏青**

1. 扫墓

　　清明期间扫墓祭祖的风俗，大概始于唐代。《旧唐书·玄宗纪》中就说："五月癸卯寒食上墓，宜编入五礼，永为恒式。"寒食清明之际，人们都要祭扫陵墓，以表达对亡故者的思念与追悼。唐代诗人杜牧有名的《清明》诗中有这样两句："清明时节雨纷纷，路上行人欲断魂。"就是写清明期间人们纷纷怀着悼念的心情去拜扫坟墓，追忆先人的情景。唐代另一位大诗人白居易

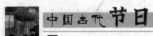
在他的《寒食野望吟》诗中，就更加具体地描写了这期间人们扫墓的情景：

> 丘墟郭门外，寒食谁家哭。
>
> 风吹旷野纸钱飞，古墓累累春草绿。

由此也可见，清明扫墓的风俗由来已久了，而且十分盛行。诗人笔下的清明风俗，大多是借题抒情，而民间歌谣，则更多的是对具体现象的描绘。比如《海虞风俗竹枝词》中对清明扫墓风俗的描写：

> 墓祭家家出郭门，清明新鬼待招魂。
>
> 冥锭袋用桑皮纸，冷饭残羹酒不温。

在我国许多地区，将清明扫墓称作"上坟"，要为旧墓挑新土，做新坟帽头，烧纸钱，有的还要举行祭奠活动、摆供品，长者率晚辈拜祖叩头等。《清嘉录》中记载：士庶并出，祭祖先坟墓，谓之上坟。间有婿拜外父母墓者。以清明前一日至立夏日止。道远则泛舟具馔以往，近则提壶担盒而出。挑新土、烧楮钱、祭山神、奠坟邻，皆向来之旧俗也。凡新娶妇，必挈以同行，谓之上花坟。新葬者，又皆在社前祭扫。谚云："新坟不过社"。周宗泰《姑苏竹枝词》云：

> 衣冠稽首祖茔前，盘供山神化楮钱。
>
> 欲觅断魂何处去，棠梨花落雨余天。

那么北方清明扫墓的风俗又是怎样呢？明代刘侗《帝京景物略》中就有记载北京清明扫墓的情况：三月清明日，男女扫墓，担提尊植，轿马后挂楮钱，粲粲然满道也。拜者、酹者、兴者、为墓除草添土者，焚楮锭，次以纸钱置坟头。望中无纸钱，则孤坟矣。哭罢，不归也，趋芳树，择园圃，列坐尽醉。其实，在我国，不论南北东西，清明扫墓的意义是一致的，其区别是在某些具体的做法上有不同的区域特点。

清明节扫墓的风俗，历代相沿，一直相沿至今。

2. 踏青

在我国的清明节风俗中，踏青也是一项主要的内容，所以也有将"清明节"称作为"踏青节"的。

清明时节，时值新春三月，风和日丽，气候宜人，万物吐绿，一派生机勃勃的景象。所以自古以来，民间百姓在扫墓之余，多有郊外踏青之俗。踏青，又称春游。古时也称作探春、寻春等。周密的《武林旧事》中就有记清明踏青之盛况的："清明前后十日，城中士女艳妆饰，金翠琛缡，接踵联肩，翩翩游赏，画船箫鼓，终日不绝。"诗人杜甫《清明》一诗，也是描写春光明媚之际的民间踏青之风的：

着处繁华矜是日，长沙千人万人出。

渡头翠柳艳明眉，争道朱蹄骄啮膝。

清明踏青，将清明扫墓与郊外春游结合起来，唐宋以后十分盛行，至今不衰。踏青中，人们利用大好春光，尽享自然之美，并在郊外的青山绿水之中，开展多种多样的娱乐活动，这其中多以放风筝、射柳、荡秋千、斗鸡等风俗活动为主。

踏青，又叫春游、探春、寻春。每到清明花草返青之时，男女老少、大人小孩都会在阳光明媚的时候一起去踏青。春季踏青的习俗历史久远，相传在先秦时就已出现，也有人说是在魏晋时期。《晋书》记载，每年春天，人们都要结伴到郊外游春赏景，至唐宋尤盛。《旧唐书》记载："大历二年二月壬午，幸昆明池踏青。"由此可见，春游踏青的习俗确实早已流行。到了宋代，踏青的风俗在各地就更为盛行。人们在春游踏青的时候，还会进行蹴鞠、放

蹴鞠铜像

风筝等各种游戏活动。

鞠是一种用皮革做成的皮球，球内用毛塞紧。蹴鞠，就是用脚去踢球，它是中国一项古老的体育运动，也是古代清明节时人们喜爱的一种游戏。蹴鞠流传了2300多年，它起源于春秋战国时期的齐国故都临淄，最初目的是用来训练武士，唐宋时期最为繁荣，经常出现"球终日不坠""球不离足，足不离球，华庭观赏，万人瞻仰"的情景。2006年5月20日，蹴鞠还作为非物质文化遗产经国务院批准列入第一批国家级非物质文化遗产名录。

放风筝，也是清明时节人们所喜爱的活动。起初风筝只限于皇宫贵族的公子佳人玩赏，到宋代以后，才在民间盛行开来。每逢清明时节，人们不仅白天放，夜间也放。夜里在风筝下或风筝拉线上挂上一串串彩色的小灯笼，像闪烁的明星，被称为"神灯"。过去，放风筝往往与放晦气联系在一起。因此，有的人把风筝放上蓝天后，便剪断牵线，任凭清风把它们送往天涯海角，据说这样能祛病消灾，给自己带来好运。此外，人们也会把所有的烦恼写在风筝纸上，让这些烦恼随风筝飞上蓝天，以远离一切烦恼和不顺。

 知识链接

竖蛋游戏

民间一直有："春分到，蛋儿俏"的说法。

在古老的传说中，春分这天最容易把鸡蛋立起来。据史料记载，"春分"立蛋的传统起源于4000年前的中国，当时是为了庆祝春天的来临。

目前，中国春分时节的"竖蛋游戏"已成为世界性的游戏。

 清明习俗

要说清明风俗，就不能不先说说清明节前两日（也有说前一日）的与清明节有关联的寒食节。民间传统习俗上把冬至后 105 天，也即清明节前一二日称为"寒食节"。因此，一般在寒食节的前几天，人们就要准备好干粥、饼等，以备这日食用。这一风俗多少给人一些伤感的情调，历代文人都有以寒食为题的诗作，如唐代孟云卿《寒食》：

> 二月江南花满枝，他乡寒食远堪悲。
>
> 贫居往往无烟火，不独明朝为子推。

唐代描写寒食节景象最著名的诗作，要算韩翃的《寒食》了，诗云：

> 春城无处不飞花，寒食东风御柳斜。
>
> 日暮汉宫传蜡烛，轻烟散入五侯家。

据说，唐德宗对此诗十分欣赏，因此还特赐失意多年的诗人以"驾部郎中知制诰"的要职，成为流传一时的美谈。由于寒食与清明两节时间相近，且清明节也有祭祖之俗，故在唐代以后，两节逐渐合成了一个节日，彼此的一些风俗也融会到一起去了。白居易《寒食野望吟》诗中就有"清明寒食谁家哭"的诗句。

 1. 清明秋千荡得高， 生活越来越美好

清明节，在民间还有"荡秋千"的习俗。荡秋千，最初主要是一种女子玩的游戏，起源很早，南北朝时就已流行，唐代以来更是盛行于大江南北。所以，古代清明节也称"秋千节"。后来荡秋千不限于女子，成为男女皆宜的游戏。据说荡秋千可以驱除百病，而且荡得越高，象征生活过得越美好。

据民俗专家介绍说，"荡秋千"源于民间劳作。早在原始社会，我们的祖先为了取得食物，常要攀藤上树，就在劳动中创造了荡秋千的活动。秋千的历史很古老，起初人们称为"千秋"。传说是北方的山戎民族所创，开始时只是一根绳子，以手抓绳而荡。后来，齐桓公北征山戎族，把"千秋"带入中原，汉武帝时因为千秋与"千秋万寿"这个祝寿词冲突，所以为了避讳而改为"秋千"，后来就改为用两根绳加踏板的秋千。到了唐宋时期，荡秋千逐渐成为女子嬉戏玩耍的游戏，女子们的衣衫裙裾随风飘动，摇曳多姿，非常好看。

清明荡秋千的习俗至今仍然受到各地人们的喜爱。清明时节，气候温暖宜人，人们换上春装，架起秋千，在空中飘来荡去，翩翩若飞。荡秋千不仅可以舒展心情，开阔视野，忘却烦恼，平衡身心，还能增大胆量，培养勇敢精神。"无风一上秋千架，小妹身材比燕轻"，荡秋千对于女子尤为适合，传统医学认为女子多郁症，荡秋千是非药物解郁的好方法。现在，在很多儿童公园、儿童乐园里还专设有"秋千"，供孩子们玩耍，受到小朋友们的青睐。

2. 清明植树正当时

一直以来，清明植树就是一种传统习俗。清明时节，春阳照临，细雨飘洒，种下去的小树苗很快就能成活成长起来。

清明节，在民间也被称为"植树节"。有谚语说道："种树造林，莫过清明"，可见清明是植树最佳时节。清明节曾在20世纪初首次被定为植树节，而在中国第一个极力提倡植树造

植树总动员

林的人是革命先驱孙中山先生。早在辛亥革命之前，孙中山先生就上书李鸿章，提出"急兴农学，讲究树艺"。辛亥革命胜利后，孙中山制订了在中国大规模植树造林的计划，在不同场合和演讲中反复强调植树造林的重要性。1915年7月31日，北洋政府通过了孙中山先生的倡议，正式颁布法令，规定传统的清明节就是我国的植树节。

在实行过程中，人们发现清明节植树适用于北方，而在南方则过了植树的最好时机，因而南方各省请求提前植树节的日期。1925年3月12日，孙中山先生在北京逝世，举国哀痛。国民政府考虑到南方的气候实际，为顺应民意，于是将3月12日定为植树节，以此缅怀孙中山先生。此后这一天就一直作为植树节沿用下来。1979年2月全国人大五届六次会议上将3月12日再次规定为"中国植树节"。1981年人大又通过《关于开展全民义务植树运动的决议》，植树节与义务植树运动更是在全国范围普及开来。

此外，清明时节还有其他特色的习俗。比如在江南一带，人们会在清明时节吃由"浆麦草"汁液和水磨纯糯米粉拌匀揉和而成的青团子，青团子里面还包裹着豆沙馅，吃起来甜而不腻。在北方，人们会用酵糟发面，夹枣蒸制而成枣糕。

第四章

夏日昼时长——夏季节日

　　在夏天的日子里，人们行色匆匆，没有腊月里哼着"岁末歌"从容步向年节的闲适，也不能像正月里那样一个灯节拖到三五天地流连、盘桓。然而，人们并没有忘记过节，种种节俗活动也正忙里偷闲地进行着。除了关公诞辰那样的小节日外，夏天的日子里还有我国最大民间节日之一的端午节，有最大宗教节日之一的浴佛节，当然也就不用说那合时合令的竹迷日、曝书节了，此外更有皇家的遗扇、空门的结夏、西瓜摊上的闲话、大槐树下的纳凉、湖心堤畔的赏荷……

第一节
道佛盛典中华节

 浴佛节

浴佛节是佛教传统节日。浴佛是佛祖诞生时的仪式，用"五色香汤"浴佛，表明中国古代信众不仅将自古相传的香汤沐浴习俗引进佛门，而且将阴阳五行观念渗入佛事活动之中。

四月八的浴佛节虽并不在主要节庆之内，但在佛教文化流行的时期，人们在佛祖诞生日浴佛而朝圣，使僧俗两界在火热的季候里奔走相告。历史传承往往在特别的日子显示强大的文化活力，时至今日，中国民间仍流传着"四月八，拜菩萨"的俗语。

浴佛节，又称浴佛会、佛诞节、龙华会。据佛经记述，佛祖诞生时由龙王喷水清洗除秽，这一传说衍生出浴佛仪式。选定在立夏后的四月初八为佛诞日，其中有古人对时间的感受。孟夏四月，苍龙星座跃出地平线，这一天象与诞生相呼应，而四月初八这一吉日有许多区域性的民俗活动。

注重阴阳五行观念的古人选择四月初八浴佛，举行佛门盛典，这是中西文化交融的结果。民间世代相传都认为四月初八是个好日子，而且又多了一层佛法福佑的祥气。四月初八，还是婚姻求子的日子，它是偶数，又是佛诞日，生殖力一定旺盛。

佛祖释迦牟尼和观世音菩萨是最深入民间的神佛，除了浴佛节，民间最记怀的是观音的生诞。每年二月十九、六月十九和九月十九，是观音菩萨从诞生、得道到挂璎珞的日子，僧俗两界汇聚寺庙举行庆典，从古至今香火不断。

浴佛节是佛门宣扬佛法、吸纳信众的好日子，施豆结缘是其中一项重要活动，佛寺将拈念用的佛豆煮熟施于来寺庙的香客游人，称为"结缘"。

时代改变了，而民众对生存的关怀却世代不变，相对于岁时节气而言，人生本身就是物候。当隆重庄严的跪拜结束，浴佛的高潮掀起声浪，信众高呼佛号，佛祖的金身被五色香汤灌浴。浴过佛身的水被善男信女们装进了瓶子，他们要供奉、要饮用、要相仿浴身，据说可以祛病消灾。由浴佛仪式到信众借佛力福佑自己，这正体现了宗教信仰的实用性。

无独有偶，四月初八这一天，湖南一些地方开始造龙舟。同一天，广东某地为迎龙头祭洗，鸣锣击鼓挨家挨户收取龙舟费用。一个节日还未结束，又要准备下一个节日了。祭洗龙头和浴佛也许有阴阳五行的内在关联。也许四月初八佛诞或浴佛需要更广义的延伸，这一天在中国土地上有传统庙会，如陕西榆林；也有城隍会，如江南的一些地方，其间还有社戏表演。在湖南凤凰等地，四月初八是传统的祭祖节、英雄会和联欢会。

中国民众根据自身的文化取向，有选择地吸收宗教文化元素，在节庆宽泛的释义中，人们借佛法之力，也借黄道吉日，借节气或借人气，仅为身体健康、生活快乐，这也是任何一种文化传承的根本意义。

浴佛节习俗

浴佛活动还有腊月初八一说，宋代《岁时杂记》说，当时南方皆用四月八日灌佛，北人专用腊月八日。事实上，宋以后的浴佛节主要流行在四月八日进行，且进一步深入民众生活。

浴佛节的首要活动是浴佛。寺院一般要举行浴佛活动。宋人金盈之《醉翁谈录》卷四描写了宋代开封相国寺浴佛活动，高僧用长柄金勺从盛香水的金盘中，"挹水灌浴佛子"。此俗也为后世沿袭，崇祯浙江《嘉兴县志》记载：僧尼以铜盂贮佛像，以小勺盛香水浇灌佛顶。一些地方浴佛是上门或沿街进行。《武林旧事》卷三说："四月八日为佛诞日，诸寺院各有浴佛会，僧尼辈竞以小盆贮铜像，浸以糖水，覆以花棚，铙钹交迎，遍往邸第富室，以小勺浇灌，以求施利。"针对富室的上门服务，获利一定可观吧。而明嘉靖江苏《太仓州志》所记沿街进行的浴佛活动也以求利为目的，将浴佛收入称为"觅佛钱"。

浴佛节活动

四月八日佛寺还有斋会活动。信佛者踊跃赴会念经、吃斋，当地的男女吃素者全都参加。

浴佛后的水被认为是有利福果之物，是人们求之不得的东西。前引《醉翁谈录》说：浴佛完毕，观者求浴佛水饮用或漱口。北宋都城汴梁（今开封）的十大禅院，各有佛斋会，煎香药糖水送人，名曰"浴佛水"（《东京梦华录》卷八）。《析津志辑佚·岁纪》记大都四月八日皇宫中的喇嘛奉送香水黑糕斋给皇帝。有的地方是饮甘草汤，明嘉靖福建《尤溪县志》记载：浴佛日，儿童饮甘草汤以消灾，其汤俱诸寺僧分给施米者的浴佛水。

给结缘豆也是佛寺四月八日浴佛活动的一项内容。明嘉靖江苏《江阴县志》说："四月八日，浮屠氏浴佛，作糖豆遍馈礼佛者。"平时和尚拈豆念佛，一豆表示念佛号一声，有念豆至石者。至四月八日将豆炒熟撒之，人们拾到，也念一声佛，吃一豆。据说凡妇女不被丈夫和婆婆喜欢者，婢妾被主人和正妻摈弃者，则自咎说："这是自己前世不舍豆儿，没有结得人缘造成的。"清代北京仍保留撒结缘豆的风俗。寺院好善者，取青黄豆数升，宣佛号而拈之，拈毕煮熟，散给市人，称为"舍缘豆"，预结来世缘分。

浴佛节也是妇女求子的重要时间。明代扬州四月八日相约到尼庵拜礼及求子息还愿习俗（万历《扬州府志》）。北京郊区的高梁河有娘娘庙，四月八日佛诞日，妇人难子者前往乞灵（万历《顺天府志》）。

浴佛节还有一项重要习俗是吃乌米饭。乌米饭，也叫青精饭，此俗同道家有关，梁陶弘景《登真隐诀》讲到，太极真人授王褒青精乾石𩜹饭。宋代寒食节有青精饭的记载，宋《零陵总记》说，杨桐叶细冬青，临水生者尤茂，居人遇寒食，采其叶染饭，色青有光，食之资阳气，"谓杨桐饭"，道家谓之"青精乾石𩜹饭"。宋代湖南人把青精饭称为杨桐饭。前引《析津志》四月八日喇嘛向皇帝上的"黑糕"或许就是这种"色青有光"的饭。如果是，则元代吃黑饭已同浴佛节结合。明代地方志记载，在南方广大地区浴佛节吃乌饭已成风俗。制法或用桐叶，如万历浙江《黄岩县志》说"人家采乌（梧）桐叶染饭青色，谓之乌饭"。或以南烛草，以上乌饭有的是僧家做乌饭送于施者。更多的则是民间自制，互相馈送。至清代，浴佛节吃乌饭在南方仍十分盛行。

浴佛节还有吃不落夹等食俗，此俗盛于明代，安徽等地方志均有记载。不落夹是用苇叶包糯米、黑糖、蜜和红枣而成的一种类似粽子的食品，长三四寸，阔一寸，味道与粽子相似。"不落夹"一词的来源有两种说法：一说是从释氏名；另一说是由于其用不落叶包之，为角，名不落角，一名不落夹（参见王仁兴《中国年节食俗》）。此外，正德江西《建昌府志》载，四月八日"人家用百果作百和菜，亲邻传送，岁以为常"。

放生也是浴佛节的一项活动。《武林旧事》记载了南宋杭州西湖四月八日作放生会，舟楫甚盛。人们驾着小舟争相买龟鱼螺蚌放生。清代苏州仍能看到浴佛节放生活动，四月八日，当地人持斋礼忏，结众为放生会，有的人买龟鱼螺蚌，口诵往生咒放之，竟日不绝（《清嘉录》）。

中元普度

中国岁时节令有所谓"三元"，指正月十五上元、七月十五中元和十月十五下元。三元根据道教的所谓三官而来。道教有所谓天官、地官、水官，合称三官，也叫三元。其中天官为上元一品九气天官赐福紫微帝君，地官为中元二品七气地官赦罪清虚帝君，水官为下元三品五气水官解厄洞阴帝君。三官分别以正月十五、七月十五、十月十五为诞辰，因此这三个日子也就叫三元。由此可知，称七月十五为中元节，与道教有密切的关系。

除了中元节和盂兰盆节之外，民间还称七月十五为鬼节，与清明、十月十五合称为三鬼节。可以断定，民间的鬼节与佛道的中元节、盂兰盆节有着密切的关系，又有自己独特的色彩。就这样，僧、道、俗三流合一，构成了农历七月十五丰富的节俗活动。中元普度本是秋季节日，这里为了将道佛节日放在一起，所以将中元节拿到夏日来说。

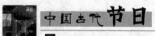
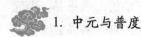

1. 中元与普度

在中元节时，地官来到凡世，考察核定人们的善恶，因此民间在这天有祭拜地官的仪式，但祭拜时是三官一齐拜的，称为"拜三界公"。

中元普度又是从何而来呢？先说明"普度"，这原是普遍超度孤魂野鬼的意思，与"拜三界公"原不相涉，因时间的巧合，民间在观念和仪式中却出现把二者合而为一的混淆现象。

中国人在远古时便相传七月初一"开鬼门关"、七月三十日"关鬼门关"，在这一个月里，所有的无祀孤魂全从阴间出来，到人世各处徘徊找东西吃。因此。各地方都纷纷在这一个月里举行"普度"的祭仪，以"普遍超度孤魂"。

从前，各地是以村庄为单位，轮流举行普度，把七月的每一天都排得满满的，使孤魂野鬼每天都有得吃。但后来却逐渐演变成了铺张浪费的恶习，贫苦的农家不胜负担。后来便统一在七月十五日举行普度了，这么一改，使得普度和中元祭拜地官的仪式有一些混淆。有些人便解释说："道士诵经祭拜地官，同时也超度饿鬼囚徒。"这样的说法虽于理可通，但二者原本却是两回事。

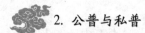

2. 公普与私普

普度分"公普"与"私普"两种。公普以寺庙为中心，祭典规模较大；私普则是各户在家中举行，通常同一村庄或乡镇在同一天举行——这当然是未统一于中元日举行之前的情形。

私普的日期是按传统风俗来决定的，甲村是哪一天、乙村是哪一天、安溪人是哪一天、同安人是哪一天，在事先都分别规定好各自的祭日。

私普的费用由各家负责。在约定好的日子，各家做好饭菜，招待来自阴间的饿鬼。从当天下午4点起，要在房前供上三牲或五牲与其他的食品，并焚香烧银纸超度孤魂。

民间又相传，如果供品不够丰盛，饿鬼不够吃，或吃得不满意，那么这家人就会遭到饿鬼的报复，发生家人生病、家畜伤亡等情形。因此，家家在准备祭品时都尽量丰盛。

公普则以寺庙为中心，由当地的富豪或庙中主事者担任"公普"的主祭人。在公普举行的前夕，庙前便插起了一根高达数丈、顶端有一盏灯笼的"灯篙"。民间相传这灯篙上的灯笼一点亮了，陆地上各处的孤魂便知道明天这儿有得吃了，而纷纷"联袂前往"。至于水中的水鬼和孤魂，又如何通知呢？人们会以"放水灯"来通知他们普度。

"水灯"是用竹条与纸糊成盒子状，尖顶的"纸厝"，在纸厝门上写"水灯首"或"水灯头"，厝内贴红纸写"庆赞中元"或"普度阴公"字样，并在里面插一对蜡烛与几根香。整个纸厝是安置在黄麻编成的筏，或并排的圆木上，借其浮力漂流于水上。

多姿多彩的水灯

在普度的前一天，人们手捧水灯，先由道士领导游行市街后，来到河边放在水上，让它随流而去。

盂兰盆会

盂兰盆是梵语的音译，意为"解倒悬"。据西晋竺法护所译《盂兰盆经》记载，目连看到亡母处在饿鬼中，以钵盛饭送给母亲吃，但食未入口，就变成火炭，母亲未能得食。目连跑回来禀告佛祖。佛祖说："你母亲的罪重，不是你一人所能解救的，需要十方众僧威神之力。到七月十五日那天，你当为七代父母、现在父母厄难中者，准备百味五果于盘中，供养十方高僧。佛祖会告诫众僧，都祝愿施主的七代父母进入禅定，然后受食，那时目连母亲就可以脱离一切饿鬼之苦。"目连报告佛祖说，凡弟子孝顺者，可否应当设盂兰盆？佛祖说很好。《盂兰盆经》在中国影响很大。

目连救母的七月十五日又是佛教"解结夏"之日。佛教于四月十五日开始禁足以护生，即在外行走恐伤草木虫类，于是安居90天，称为解夏或解制，至七月十五日结束，可以四出行走。七月十五日是众僧功德圆满之期，这天修供，其福可报百倍。因此信佛者在七月十五日做"盂兰盆会"，具有庆祝解夏和救母两重含义。

唐代盂兰盆会仍盛行于宫廷。《唐六典》规定中尚署七月十五日进盂兰盆。武则天出于政治需要，力倡佛教。如意元年（692年）七月，她在洛阳城南大会僧众，"陈法供，饰盂兰"，杨炯所撰《盂兰盆赋》反映了其盛况。唐代宗也崇佛，曾令百余人于宫中陈设佛像，诵经，谓之内道场。七月望日，于内道场造盂兰盆，饰以金翠，所费百万。又设高祖以下七圣神座，备幡节、龙伞、衣裳之制，各书尊号于幡上，昇出陈于寺观。届时"排仪杖，百僚序立于光顺门以俟之，幡花鼓舞，迎呼道路，岁以为常"（《旧唐书·王缙传》）。德宗继位后取消内道场，罢内出盂兰盆。唐代民间热衷于佛事，贞元年间崔炜在岭南，中元日看到"番禺人多陈设珍异于佛庙，集百戏于开元寺"（《太平广记》卷三四）。《四时纂要》说唐人在七月十五日，取佛座下土放在肚脐中，能令人多智，厌火灾。

宋代，盂兰盆会活动成为民俗的一部分。《岁时杂记》记载，北宋的律院多依据经教作盂兰盆斋，享祭父母祖先。常以竹竿分成四五足，中置竹圈，谓之盂兰盆。画目连尊者之像插其上，祭毕加纸币焚之。作者还说："近俗七月十五日有盂兰盆斋者，盖出释氏之教，孝子之心，不忍违众而忘亲，今定为斋享。"反映出佛教对七月十五日祭祖活动的影响。《岁时杂记》引《嘉泰事类·假宁格》记载，宋代中元节休假3天，七月十五日前后各1天。可知至少南宋宁宗时的假期如此。南宋杭州僧寺于七月十五日建盂兰会，"率施主钱米，与之荐亡"（《梦粱录》）。

明清时代盂兰盆会风俗尤盛于南方。嘉靖《萧山县志》说当地十五日僧舍各营斋供，举村荐亡，作盂兰盆会。小孩垒砖瓦作浮屠塔，燃灯于中，绕塔游戏。万历《建阳县志》："各寺观募化男女建斋荐亡，日兰盆会。"清人李斗《扬州画舫录》记当地七月十五日节俗甚详："选僧为瑜伽焰口，造盂兰盆，放荷花灯，中夜开船，张灯如元夕，谓之盂兰会。盖江南中元节，每岁妇女买舟作盂兰放焰口，燃灯水面，以赌胜负，秦淮最盛。"实际上京师寺院作盂兰盆会也颇为可观，《帝京岁时纪胜》说北京庵观寺院设盂兰会。街巷搭苦高台坐鬼王，看演经文，施放焰口，以济孤魂。锦纸扎糊法船，长至七八十尺。临池焚化，点燃河灯，谓之慈航普渡。超度亡灵是佛教七月十五日节日的主题，放焰口，点荷花灯，水中放法船皆其形式。佛教的思想同祖先崇拜和孝道结合，使盂兰盆会活动深入民间。

照冥荷花灯

中国岁节的正、七、八月三望日之中，可以说各日都有灯火。其中自然是上元的灯火最为人所熟知，鳌山堆叠，河汉闪烁，正所谓"火树银花不夜天"。八月十五以赏月、玩月为主，可偏有些地方将这一天变作灯节，大张其灯，大放其火。正、八月望日的灯火是放在地上的，七月望日的灯火则放在水中，所以叫放水灯、放河灯、放江灯……

照佛门的盂兰盆会仪规来看，放河灯只是其中的一个小节目，并不显得多么要紧。然而在民间的中元节俗活动中，放灯则是比较重要的。在上中游的九曲黄河之中，旧时中元的河灯，不仅当日放，还有放三天的。届期，九曲黄河之中灯火交辉，连绵数里，真个"疑是银河落九天"。不独黄河，全国各地的江河湖海旧时大多有中元放灯的习俗，形成一种独特的宵夜景观。通过盂兰盆与荷花灯的盛衰际遇，我们可以发现中国节日习俗的大体走向，那就是从信仰到娱乐、审美。盂兰盆虽说能够体现生者的善心和孝思，但毕竟不如既能体现善心孝思、又可供玩乐游赏的荷花灯来得惬意，好热闹、重趣味的大众当然要淘汰前者，选择后者了。

河灯也叫"荷花灯"，因为这种灯的底座是用纸、木做成莲花瓣形的（也有直接以荷叶作底座的），故称荷花灯。一般来说，北方一般叫河灯，南方大多叫江灯。称作"水灯"则是指这种灯放在水中，是泛称。河灯一般是在底座上放灯盏或蜡烛，中元夜放在江河湖海之中，任其漂流浮泛。放河灯的目的，是普度水中的落水鬼和其他孤魂野鬼。现代女作家萧红《呼兰河传》中的一段文字，是这种习俗的最好注脚："七月十五是个鬼节，死了的冤魂怨鬼，不得托生，缠绵在地狱里边非常苦，想托生，又找不着路。这一天若是有个死鬼托着一个河灯，就得以托生。大概从阴间到阳间的这一条路，非常之黑，若没有灯是看不见路的，所以放河灯这件事是件善事。可见活着的正人君子们，对那已死的冤魂怨鬼还没有忘记。"

中元放灯的习俗具体起于何时，没有确切的记载，但可以断定，起码在宋代这种习俗就已经存在了。宋人吴自牧的《梦粱录·卷四》云："七月十五日……后殿赐钱，差内侍往龙山放江灯万盏。"元代钱塘诗人张雨又有《西湖放灯》诗，所记当日西湖放灯之举已经颇盛："共泛兰舟灯火闹，不知风露湿青冥。如今池底休铺锦，此夕槎头直挂星。烂若金莲今夜炬，空于云母隔秋屏。却怜牛诸清狂甚，若欲燃犀走百灵。"到元代，放河灯的节俗活动遍及南北各地。田汝成记杭州此俗："七月十五日为中元节，俗传地官赦罪之辰，人家多持斋诵经，荐奠祖考，摄孤判斛，屠门罢市。僧家建盂兰盆会，放灯西湖及塔上、河中，谓之'照冥'。"随着放河灯习俗的发展，其中信仰的成分渐渐淡化，游乐赏玩的成分则与日俱增。到清代，京都北京的放灯习俗之盛已经远远超过刘侗、于奕正所记的时代，其中看不出多少拯孤照冥的意味，倒简直是争奇斗巧、娱乐升平的大汇串："每岁中元建盂兰道场，自十三日至十五日放河灯，使小内监持荷叶燃烛其中，罗列两岸，以数千计。又用琉璃作荷花灯数千盏，随波上下。中流驾龙舟，奏梵乐，作禅诵，自瀛台南过金鳌玉炼桥，绕万岁山至五龙亭而回。河汉微凉，秋蟾正洁，至今传为盛事。"

 知识链接

龙的起源

龙——华夏先民的图腾。古代，人们对大多自然现象无法做出合理解释，于是便希望自己民族的图腾具备自然界神奇的力量，如可以行风雨雷电，为群山打造雄姿，能像鱼一样能在水中游弋，又能像鸟儿一样在天空飞翔。因此，作为万兽之首、万能之神的龙就具备了骆头、蛇脖、鹿角、龟眼、鱼鳞、虎掌、鹰爪、牛耳等复合结构。应特别注意的是，龙有五根手指，有四根手指的就不是龙，而是蜥蜴、鳄鱼之类的动物。

各类古籍对龙的记述形象多有不一。一说为细长有四足，马首蛇尾。一说为身披鳞甲，头有须角，五爪。《本草纲目》则称"龙有九似"，为兼备各种动物之所长的异类。传说多称它能显能隐，能细能巨，能短能长。春分登天，秋分潜渊，呼风唤雨，无所不能。在神话中是海底世界主宰（龙王），在民间是祥瑞象征，在古时则是帝王统治的化身。

第二节
千年端午祭英魂

端午祭诸神

端午节，又名端阳、重午、端五、重五、五月五、端节、蒲午、蒲节、天中节、诗人节。《宛署杂记》卷十七："燕都自五月初一日至初五日，饰小闺女，尽态极妍。出嫁之女亦各归宁，因呼为'女儿节'。"

关于端午节的起源，有许多说法，过去比较通行的说法是楚国屈原五月五日投汨罗江自尽，人们为了纪念他，才有五月五端午节。但是近代学者的研究证明，端午节的许多活动早在屈原以前就存在了，说明其起源较早，后来才附会了纪念屈原的内容。此外，还有种种起源之说：认为是龙图腾的祭祀节日；认为来源于夏至；认为起源于恶日；认为吴王夫差在是日庆祝疏通运河；认为越王勾践为复国在此日训练水师；还有是纪念伍子胥投钱塘江；当地还有曹娥救父之说等。

前已指出，五月五端午节也与介子推有关，这里再引《艺文类聚》岁时部《琴操》以明之："介子绥（介子推）割其腓股，以啖重耳。重耳复国，子绥独无所得，绥甚怨恨，乃作龙蛇之歌以感之，终不肯出。文公令燔山求之，子绥抱木而烧死，文公令民五月五日不得发火。"类似传说真是五花八门。我们认为端午节的起源可能是为了祭祀水神或龙神而举行的祀神仪式，并划龙舟，后来各地又根据自己的历史文化对端午节起源作了解释，而纪念屈原则是比较流行的说法。

端午节是一个祭祀诸神的节日，其中有屈原、曹娥、蚕神、农神、张天

屈原雕像

师和钟馗之祭。

曹娥是浙江地区五月五日祭祀的神灵之一。《后汉书·列女传》："孝女曹娥者，会稽上虞人也。父盱，能絃歌，为巫祝。汉安二年五月五日，于县江诉涛婆娑（迎）神，溺死，不得尸骸。娥年十四，乃沿江号哭，昼夜不绝声。旬有七日，遂投江而死。至元嘉元年，县长度尚改葬娥于江南道傍，为立碑焉。"至今民间还流传有关历史传说，其父在汉安帝二年五月五日迎波神溺死，当时曹娥才14岁。沿江寻找父尸，日夜哭泣，遂投江而死。数天后曹娥抱父尸浮出水面。由于她是孝女的楷模，为东汉时期的统治者所提倡，于是加以宣传，并把她与划龙舟联系起来。

张天师也是端午节祭祀的神灵之一。《燕京岁时记·天师符》："每至端阳，市肆间用尺幅黄纸，盖以朱印，或绘画天师、钟馗之像，或绘五毒符咒之形，悬而售之。都人士竞相购买，贴之中门，以避祟恶。"除画像外，还有泥塑张天师，但以艾为人头，以蒜为拳，置于门户上。可知贴张天师画像，是信仰道教者避五毒之害的。

端午节的另一避邪之神是钟馗。是日各户都购钟馗图，挂于门上驱鬼，各户之间也以赠送钟馗像为荣。清人马日绾《沙河逸老小稿》卷三："展重五集小玲珑山馆分赋钟馗得踏雪图。"《清嘉录》卷五："朔日，人家以道院所贻天师符，贴厅事以镇恶。"又称"堂中挂钟馗画图一月，以祛邪魅。"由此不难看出，钟馗既可打鬼，又可驱疫。

浙江衢州地区把五月五视为药王神农的生日，以该日阴晴占卜年成好坏及药品的质量。其实，在端午节采药由来已久。《礼记·夏小正》："是月蓄药以蠲除毒气。"《荆楚岁时记》："五月五日，谓之浴兰节，荆楚人并踏百草。又有斗草之戏—采艾以为人形，悬门户上，以禳毒气。"因此，全国各地都在五月五日采药，浙江慈溪地区称端午节为"送药节"，认为各种植物皆可入药，必尽量采集，出嫁妇女还采药送给娘家老人服用。北方也采草药，制墨药。《日下旧闻考》卷一四七《风俗》："五月五日，太医院官具旗物鼓吹赴南海子捉虾蟆，取蟾酥，以针刺其两眉，蟾多死。"直到近代北方民间还取蟾为中药，制墨蛙以疗疮。

 知识链接

屈原

屈原（约公元前304～前278年）战国末期楚国人，杰出的政治家和爱国诗人，名平，字原，楚武王熊通之子屈瑕的后代，丹阳（今湖北秭归）人。屈原是我国第一位伟大的爱国主义诗人，他开创了诗歌从集体歌唱转变为个人独立创作的新纪元，是我国浪漫主义诗歌传统的奠基人，"世界四大文化名人"（另有波兰的哥白尼、英国的莎士比亚、意大利的但丁）之一。

屈原一生经历楚威王、楚怀王、顷襄王三个时期，而主要活动在楚怀王时期，他对内辅佐怀王变法图强，对外积极主张联齐抗秦，后被人诬陷，被怀王疏远，并两次遭放逐，第一次在怀王时期，被流放到汉北；第二次在顷襄王时期，被流放到沅、湘一带。最后，在无可奈何之际，他自沉汨罗江。南朝梁吴均《续齐谐记》曰："楚大夫屈原遭谗不用，十日（夏历五月初五）投汨罗江死。楚人哀之，乃以舟楫拯救。"

龙舟与粽子

端午节亦称端午、重午、端阳、沐兰节、五日节、龙船节等。端午最早的起源是在炎夏沐浴兰汤以祛疫避瘟，这种习俗仍可追溯到夏朝，《夏小正》"五月"中有"蓄兰"。端午作为五月五日的节日，始于魏晋时期。端午也被

龙舟比赛

称为端阳或重五，宋代称为"天中节"。端午已接近夏至日，民间认为，过了端午真正的夏天才开始，他们是指暑热的日子还在后头，而夏日炎炎，时疫流行，所以端午并不是一个良辰吉日。民间向来有"善正月，恶五月"的说法，民众普遍认为五月是恶月、毒月，重五之日是恶日、死亡之日，所以围绕着端午的节俗都是一系列辟邪禳祸、祛疫的举动，如佩彩丝、悬艾叶、插蒲剑、喝雄黄酒、印天师符、贴五毒符、挂钟馗……人们小心谨慎，处处避忌，唯恐避之不及。

这些习俗一直流传至今，人们世代不忘这个忌讳。而龙舟竞渡和食粽是端午恶日中能排遣恐惧、制造愉悦的活动。

有关龙舟竞渡、裹粽投江，以及陆地上的避瘟养生等节俗内容有数不清的传说版本，但那都离不开追悼与避瘟两大主题。

龙舟竞渡与食粽一样，都不是只有端午节才有的活动或习俗，隋、唐时春天就有竞渡活动，宋代也有上巳看龙舟表演的记载。竞渡也不仅只是祈福求雨，有的是为水战演习，更早可溯源到屈原之前。不论龙舟起源为何，端午赛龙舟的千百年历史是不争的事实。龙舟行事从五月初一就准备，洗龙头、拜祭水仙尊王并由主祭官提笔在龙眼上点睛，此为"开光"。到了初五清晨祭龙舟，除舞狮献瑞外，还要放爆竹、掷粽子以祈下水平安及旗开得胜。午时初刻龙舟下水，两条龙舟竞渡，先夺旌者获胜。

现在两湖两广地区的端午龙舟竞渡十分兴旺，每年端午，在划龙舟的水域异常热闹，人山人海。

中国各地的粽子所用的材料不尽相同，包裹出来的大小形状也不一样，唯一共同的就是每年五月初五一同想起这个节庆文化传统。

"夏至食稷"的"稷"就是"粽"的古字，是夏至应时的食膳，也叫着"角黍"，华北地区还有用黄色黏黍包的粽子，大概就是古时的角黍。夏至与端午相距不远，这两种起源应该是共同转移的。

粽子一直到宋朝，都是简单地以叶裹米，宋以后才有包馅的粽子。中国南方和北方所包的粽子虽都用糯米，但因为所包的馅不同，风味迥异。包粽子活动须在五月初一就开始准备：浸米、洗粽叶及选配料理。北方的粽子是白米粽及包小红枣粒或豆沙的甜粽，体积较小，也以冷食为主。南方的粽子则有各式各样的形状，大到二斤的裹蒸粽，也有小巧玲珑的客家咸粽。火腿、猪肉、蛋黄、虾米、香菇、鱿鱼、花生、蚶干……都可以包入粽子里。南方粽子又以湖州最为著名，除咸粽外，大都必须熟食。

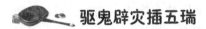

驱鬼辟灾插五瑞

1. 挂钟馗像

近代画家常在端午节画钟馗，或赠人、或自挂，民间也在这天张贴钟馗的版画；钟馗已成了端午节里不可或缺的一位神仙了。清人柴桑在《燕京杂记》里就说："（端午）前数日，肆间用黄纸盖朱印，或绘天师、钟馗像，或五毒之形，人购而黏门上，以逐祟恶。"

唐宋以后，钟馗一直是人们在岁暮时张挂的门神。像《五代史》吴越世家中云："岁除，画工献钟馗击鬼图。"北宋孟元老《东京梦华录》卷十"十二月"条云："近岁节，市井皆印卖门神、钟馗、桃板、桃符……"

在清人马曰琯的《沙河逸老小稿》卷二三里，有一首诗"展重五集小玲珑山馆分赋钟馗得踏雪图"，这是说马曰琯在端午节曾与友人共聚小玲珑山馆，吟咏钟馗并绘"钟馗踏雪图"。《沙河逸老小稿》序刊于乾隆二十二年，里面收集的都是马曰琯的旧作，可见至迟在乾隆二十二年，人们已在端午吟咏钟馗了。这大概是因为五月气候湿热多病毒疫疾，古时的卫生设备又不够完善，再加上迷信的关系，瘟疫等流行病一旦发生就死者累累，在无可奈何中，有人想起了再请钟馗道士来施威捉鬼，于是钟馗就成为端午之神了。

2. 悬插五瑞

世传五月为"恶月"，旧俗于端午节插"蒲剑"、悬"艾虎"以辟邪驱瘟。后来的人又在菖蒲、艾草之外，加以榴花、蒜头、龙船花共合为五，称

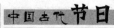

之为"天中五瑞"。

菖蒲是五瑞之首。具有消除邪气的作用。清人顾铁卿《清嘉录》卷五说："截蒲为剑，割蓬作鞭，副以桃梗蒜头，悬于床户，皆以却鬼。"明人李时珍在《本草纲目》里也以为菖蒲又名"水剑"，可以辟邪，把菖蒲挂在门楣上，像一把锋利的宝剑，鬼就不敢登门骚扰了。

艾草是菊科多年生草本，在古代中国针灸学里，就以艾草的老叶制成艾绒，用以灸疾除病。梁人宗懔《荆楚岁时记》里说："五月五日……采艾以为人，悬门户上以禳毒气。"可见人们在端午节使用艾草的情形。

榴花与艾叶都是妇女们在端午节时，用来插戴在鬓边的饰物，并辟禳邪气。因石榴花的根皮可以作驱虫药剂而减少疾病的传染，也是因为艳红的榴花在五月开，所以它成为"天中五瑞"之一。

蒜头也称蒜果，在端午节时附于蒲剑上，悬于户外，可同收辟邪杀鬼的效用。蒜的气味辛烈，平时也是人们的佐味品，俗话说"大蒜有百利一害，茶叶有百害一利"，其中一害指的是口臭，一利指的是降血压，亦可见其功效卓著了。

龙船花本名山丹花，是百合花科，在五月盛开。开花时花冠向上，花瓣不向外翻卷，人们端午时也把它采来一同系在蒲剑上，亦具有辟邪除瘴的作用。

 3. 饮雄黄酒

提起饮雄黄酒，人们就想起在《白蛇传》这个民间故事里，许仙于端午节时，把雄黄酒给白娘子喝，白娘子酒醉现出原形，吓死许仙的故事来。

雄黄是一种矿物，含有三硫化二砷的成分。清人顾铁卿在《清嘉录》卷五"雄黄酒"一则里说："研雄黄末，屑蒲根，和酒以饮，谓之'雄黄酒'；又以余酒染小儿额及手足心，随酒墙壁间，以祛毒虫。"可见数百年来，雄黄被人们用作消毒剂的情形。在今日，环境卫生被人们重视，各种流行传染病也大多为人们所控制扑灭，所以老百姓过端午节大可不必饮雄黄酒了。

 4. 熙游避灾

古人在仲夏时乘水临风、登高望远，旨不在及时行乐，而在去污涤垢，被除不祥，这种古礼传到后世，便转变成不论贫富文野、男女老少，于端午时结亲伴友，联袂出行，徜徉于风景之区，熙游名胜之地，或携节食，露天宴饮。

明人刘侗在《帝京景物略》卷二里，记载有明中叶以后北京人的风俗说："五月五日之午前，群入天坛，曰避毒也。过午出，走马坛之墙下，无江城系丝投角黍俗，而亦曲角黍；无竞渡俗，亦竞游耍。南则耍金鱼池，西耍高粱桥、东松林、北满井。为地不同，饮醵熙游也同。"表面上午前避毒天坛，午后游耍于城周四方名胜，是两种截然不同的生活，其实只是同一种遗俗的两个变形。人们在潜意识里，有个可怖的阴影，五月是个百病丛生、时疫流行的"恶月"，表现出来的就是避毒了。天坛是个郊外祈年的圣所，又是名胜，仰仗大神大力以避毒瘴，又可游坛，真可谓是一举两得了。

清朝以后，外出避灾之举演变得更多变化、更富情趣了。人们不只是枯坐避灾，而要趁机好好游乐一番。像《帝京岁时纪胜》说："帝京午节，极胜游览，或南顶城隍峦游回，或午后家宴毕，仍修射柳故事，于天坛长垣之下，骋骑走解，更入坛内神乐所前，摸壁赌墅，陈蔬肴，酌余酒，喧呼于夕阳芳

神圣的天坛

树下，竟日忘归。"这比明朝人躲在天坛下的情景要有趣多了，但仍可见它从明朝时一脉相承的发展。

关于端午的习俗，还有赐扇、佩香囊、捕虾蟆、祛五毒（蝎子、蛇、壁虎、蛤蟆、蜈蚣）、贴午时符、沐浴兰汤等。

第三节
夏季其他节俗

在我国，与其他季节相比较，夏季并不是一个节日稠密、节俗活动繁多的季节。但是，尽管如此，除了前边谈到的几个大节之外，其他小的节日也不下十几个。因此，虽然在"乡村四月闲人少""五月人倍忙"的时候，一个个的节日还是扑面而来，要人们"过"。在本节文字中，将介绍浴佛节、端午节等之外其他的夏季节日。只是这种介绍也是粗略的，无法一一叙述，更不能详尽。

风流浣花日

如果把春季称作游玩、狂欢的季节，从某种角度来说是贴切的。进入夏季，农事日趋忙碌，玩乐之事也就渐渐失去了位置。然而，在诸葛亮曾经治理过的蜀地，农历四月十九却流行着盛大的宴游活动，其情势之盛，不下于三月的踏青。当地人称四月十九日为"浣花天""浣花日"，称这一天的宴游活动为"遨头大会"。在这个节日的背后，还流传着一个美丽动人的故事。

据历史记载，唐代宗大历三年（768 年），西川节度使崔宁奉召进京，留弟弟崔宽守护城池。这时，叛逆的泸州刺史杨子琳乘机发动进攻，以精骑数千突袭成都。崔宽屡战屡败，眼看城池将要失守。当此危难之机，崔宁的妻

子任氏当机立断，拿出家资 10
万以招募勇士，组织守城部队，
并且亲自披挂上阵，麾兵进击杨
子琳，重创叛军，致使他们溃败
逃窜，解除了成都之围。后来，
任氏被封为冀国夫人，民间则称
她为浣花夫人。唐代以后，浣花
夫人屡受旌表。五代前蜀时，她
被封为佑圣夫人，时人还建佑圣
夫人堂于浣花溪畔。宋时，立冀
国夫人祠。清代重建浣花祠于杜

成都浣花溪公园

甫草堂边。现在，其祠仍存，祠中新塑有浣花夫人像。据说浣花夫人生在四
月十九日（唐、宋、元三代为四月十九日，明代改为三月三），后人为了纪念
她，便在浣花溪结伴宴游，以示缅怀，以恣游乐，以贺升平。清代硕儒俞樾
的浣花祠联，恰将浣花夫人的事迹和邑人宴游浣花溪之俗尽收笔底，联语云：

新旧书不详冀国崇封，但传奋臂一呼，

为夫子守城，代小郎破贼；

三四月历数成都盛事，且选邀头大会，

以流觞佳节，作设悦良辰。

　　浣花溪位于成都市西郊，是锦江的支流，又叫濯锦江、百花潭，唐代大
诗人杜甫的故居浣花草堂就在溪畔。成都邑人宴游浣花溪的习俗唐代业已形
成，它和唐都长安三月三的曲江宴饮一样，都有很浓重的游乐色彩。届时，
人们来到这里，或泛舟水中，或宴饮溪畔，鼓吹歌舞，极尽逸乐之能事。

　　清人陈祥裔《蜀都碎事·卷三》记此俗云："四月十九日，浣花夫人诞日
也。太守出笮门桥，至梵安寺，谒夫人祠，至百花潭，观水嬉竞渡。官舫民
船，乘流上下，或幕帘水滨，以事游赏，最为出郊之盛。"据说一向阴霾多雨
的成都，每年的浣花日总是晴天丽日。宋代大词人陆游《老学庵笔记》就说：
"四月十九日，成都谓之浣花日，邀头宴于杜子美草堂沧浪亭，倾城皆出，锦
绣夹道……予客蜀数年，屡赴此集，未尝不晴，蜀人云：'虽戴白之老，未尝
见浣花日雨也'。"

　　浣花日宴游浣花溪之俗虽然有纪念浣花夫人的意义，但像其他许多节日

一样，这种意义是逐渐淡漠了。可以想见，今天的成都人肯定仍然有郊游浣花溪之俗，但未见得有多少人知道这风俗的来由。不过，有这样一个美丽动人的故事伴着，这节日无时不熠熠生辉。最后，还是引一首古诗，以见浣花日的风流：

> 浣花溪上春分后，节物正宜行乐时。
> 十里绮罗青盖密，万家歌吹绿杨垂。
> 画船叠鼓临芳溆，彩阁临波泛羽厄，
> 霞景渐曛归棹促，满城欢醉待旌旗。

 知识链接

观莲节

农历每年六月二十四是观莲节，民间以此日为荷诞，即荷花生日。宋代已有此节，明代俗称"荷花生日"。水乡泽国的江南一带，在此日都举家泛舟赏荷观莲。远在宋代，每逢六月廿四，民间便至荷塘泛舟赏荷、消夏纳凉。荡舟轻波，采莲弄藕，享受皓月遮云的夏夜风情，分外惬意。当日夜里，用天然长柄荷叶做一小灯笼，放上点燃的蜡烛，让小孩拿着它玩耍。或者把莲蓬挖空，点上蜡烛照明。或以百千盏荷灯沿河施放，随波逐流，闪闪烁烁，非常好看。古时，女子不许随便外出。青年男女便乘观莲节有了亲密接触的机会时，便纷纷借此美好时光表白心中的爱情，有诗说："荷花风前暑气收，荷花荡口碧波流。荷花今日是生日，郎与妾船开并头。"

 **夏至**

二十四节气中的夏至，时间在农历五月中旬（公历 6 月 22 日左右），是北半球一年中白天最长的日子，为夏季开始，其后白昼渐短。古人认为这时

阳气至极，阴气始至，由于夏至的这些特点，被视为节日。

夏至作为节日，纳入了古代祭神礼典。《周礼·春官·神仕》说，"以夏至日致地祇物魅，以禬国之凶荒，民之礼丧"。即在夏至那天，召致地示物魅来祭祀他们，认为如此可消除国中的疫疠、荒年与人民的饥饿死亡。此俗也见于汉朝的制度，《史记·封禅书》说："夏日至，祭地祇。皆用乐舞，而神乃可得而礼也。"汉以后历朝多有实行夏至祭地典礼的。

夏至时值麦收，自古以来有在此时庆祝丰收祭祀祖先之俗。《荆楚岁时记》说夏至节这一天，取菊花研成粉末，用来防止小麦虫害。明清方志反映出民间在夏至举行秋报、食麦、祭祖活动。如嘉靖河北《威县志》："夏至，村落各率长幼以祭，名日麦秋报。"感谢天赐丰收。万历安徽《滁阳志》："至日食小麦、豌豆、郁李、戴野大麦一日，具疏食祀天神，人家多不荤。"

夏至15天，分为上时（头时）3天，中时5天，末时7天。入伏有禁忌之俗。清张英《渊鉴类函》记载汉朝规定："伏日厉鬼行，故尽日闭，不干他事。"

北方少数民族也重视夏至节。唐人段成式《酉阳杂俎·礼异》说："夏至日，进扇及粉脂囊，皆有辞。"此俗传至辽代，《辽史·礼志》："夏至之日，俗谓之'朝节'，妇人进彩扇，以粉脂囊相赠遗。"所谓"朝节"即互相赠送礼物，如《岁时广记》引《图经》说，安徽池阳风俗重视夏至，"以角黍舒雁往还，谓之朝节"。

夏至以后，气候转热，古人有"夏九九"之歌，据元人陆冰《吴下田家志》记载：

> 一九至二九，扇子弗离手；
>
> 三九二十七，冰水甜如蜜；
>
> 四九三十六，拭汗如出浴；
>
> 五九四十五，树头秋叶舞；
>
> 六九五十四，乘凉弗入寺；
>
> 七九六十三，床头寻被单；
>
> 八九七十二，思量盖夹被；
>
> 九九八十一，家家打炭墼（jǐ）。

夏九九反映出最热的时候是在三九、四九。民间又在夏至后遇庚日，为出霉日，称为"断梅（霉）"。

更为古老和流行的计算热天的办法是用伏日。根据《史记·秦本纪》，可知秦德公二年（公元前 676 年）就创立了伏日的计算方法。"正义"引《历异辞》说伏是"金气伏藏之日"，这是因为立秋是以金代火之故，即伏是金秋阴气潜伏上升之时。如《汉书·郊祀志》颜师古注："伏者，谓阴气将起，近于残阳，而未得升，故为藏伏，因名伏日也。"伏的确定是以夏至后第三个庚日进入初伏，第四个庚日为中伏，立秋后第一个庚日为末伏，各 10 天，叫作"三伏天"，是一年中最热之时。伏日有一些习俗：一是用冰。《唐会要》记载，夏至日颁冰及酒，因酒味浓，和冰而饮，类似威士忌。宋代自初伏日为始，每日赐近臣冰，人 4 匣。梅尧臣《中伏日永叔造冰》咏道："日色若炎火，正当三伏时。盘冰赐近臣，络绎中使驰。"讲的就是颁冰情形，当时梅尧臣得到朋友欧阳修从皇帝那里得赐之冰，很高兴，于是作诗纪念。二是伏日吃汤饼，即汤面。《荆楚岁时记》说，六月伏日，家家煮汤面吃。是为了辟除邪恶。可见此俗之盛。说到汤饼，三国时还有一个故事。《初学记》卷一零引鱼豢《魏略》讲道：何晏风度很美，皮肤特别白，人称"傅粉何郎"。魏明帝以为他搽粉所致，为了看个究竟，明帝叫何晏来吃热汤面，出了一脸大汗，何晏用衣服试汗，脸色洁白。明帝才相信他的确长得白。看来伏日吃汤饼，自三国魏就有了。至清代，《清嘉录》说苏州三伏天中午卖半汤大面，早晚有膘子面。还说街坊叫卖凉粉、鲜果、瓜、藕、芥辣索粉等爽口之物，茶坊则以金银花、菊花点汤，谓之双花。可能是为了败火。三是利用防暑降温器具。《清嘉录》说三伏天人们使用蕉扇掮风，用苎布、麻布、蒲鞋服饰，凉席有草席、竹席，有称作"竹夫人"的竹枕、藤枕，四是纳凉，以打发伏天暑热。人们往往泛舟水上，斗牌、听清唱、说书，借乘凉行乐。

 ## 天贶

农历六月初六日为"天贶节"。天贶节又称回娘家节、姑姑节、虫王节。天贶是一个小节，节日活动主要有藏水、晒衣和晒经书、妇女回娘家等。

 ### 晒衣

河南有首民谚："六月六晒龙衣，龙衣晒不干，连阴带晴四十五天。"此时从佛寺、道观以至各家各户，都有晒衣物、器具、书籍的风俗。据说这一

天，是一年中气温最高、日照时间最长、阳光辐射最强的日子，所以家家户户都会不约而同地选择这一天"晒伏"。广西清晨各家宰鸡鸭宴饮后，全家动员将衣服、棉被、鞋子、首饰、箱笼拿到晒坪上曝晒，用夏日的阳光晒死隐藏的虫蚁。晒一两小时后，要翻转再晒，然后搬回厅堂内凉一下，再叠好放入箱笼。

湖北西部传说六月六是茅冈土司覃后王反抗皇帝统治遇难、血染龙袍的日子。这天家家翻箱倒柜，将所有的衣物拿出来晾晒。有钱人家蒸饭、杀牛，取牛的肉、舌、肠、心等10处各一份（称"十全"）敬祀土王菩萨，然后邀全村乡亲一起开怀畅饮。

 晒书

民间曾流传，有九天玄女在六月六赐给宋江一部天书，让他替天行道、扶危济贫的传说。正因为有农历六月六降天书的故事，又传说当天是龙晒鳞

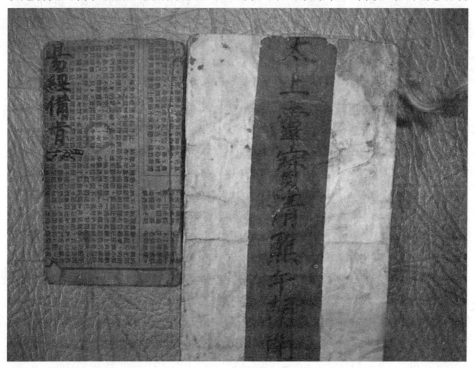

晒书

的日子，天气晴朗，当时又处于盛夏，多雨易霉，这种多雨天不利于书籍的保存。因此只要遇到晴天就要进行曝晒。

 回娘家

民谚说"六月六，请姑姑"，因此，妇女回娘家是天贶节的重要内容。此时，小孩也要跟随母亲去姥姥家，傍晚回家前，姥姥要在小孩前额印上红记，说是能避邪求福。河南妇女回娘家要包饺子上坟祭祖。祭祖时，在坟前挖4个坑，每个坑中都放上饺子，作为扫墓供品。甘肃榆中在农历六月六庙会上，新娘要跪在太白泉边，从水中捞出石子，用红布包好带回家，相传这样可以早得贵子。

 驱虫

六月气温升高，百虫滋生，尤其是对农业有很大威胁的蝗虫。古时人们一方面积极捕蝗，如利用火烧、以网捕捉、用土掩埋、众人围扑等方法，尽力消灭蝗虫；另一方面则祭祀青苗神、刘猛将军、蝗蝻太尉等虫王神。同时也利用各种巫术手段驱虫。在西南少数民族地区，人们还举着火把到田间地头来回奔跑，目的是驱虫。

第五章

秋高人气爽——秋季节日

对有着农耕文化传统的民族来说，丰收时节往往是一年里的重大节日。本章所提及的"七夕节"、"中秋节"和"重阳节"是秋天的3个重要节日，有浓厚的人文文化在里面。

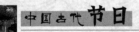

第一节
牛郎织女话七夕

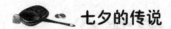

七夕的传说

　　七夕故事的主人公是牛郎和织女。他们原本不是人，而是星宿，即牵牛星和织女星。在夏天的夜空，可以看到一条繁星组成的光带，这就是天文学上所谓的"银河系"，我国传统习惯叫作"天河"。在天河之西的星座中，一颗发青光的明星就是织女星，隔"河"遥遥相对的发橙黄色光芒的星就是牵牛星（也叫"河鼓星"）。织女星旁边的 4 颗小星组成平行四边形，象征织女的织布梭子；牵牛星和它旁边的 2 颗小星构成牛郎的担子，也象征牛郎担着的两个小孩。这些夜空的星象，正是构成牛郎织女传说的基础。

　　早在《诗经》时代，人们就对上述天象有所认识。东汉应劭的《风俗通》中，开始出现了人格化的描写："织女七夕当渡河，使鹊为桥。"此外，汉代的《古诗十九首》中，也有牵牛织女拟人化的描写。

　　河汉清且浅，相去复几许？

　　盈盈一水间，脉脉不得语。

　　据现有文献记载来看，织女与牵牛的正式结婚出现在南北朝时期。南朝（梁）殷芸的《小说》（《月令广义·七月令》引）记载：织女是天帝之女，年年在机杼上纺织，织成了锦缎般的云霞天衣，由于劳累，容貌都无暇修整。天帝见她独居十分可怜，把她许嫁给河西牵牛郎。出嫁后"遂废织杼"，引起天帝大怒，"责令归河东，但让一年一度相会。"作为完整的爱情神话故事，殷芸的记载已经形成一个梗概。作为婚姻，织女、牵牛从汉代到魏晋相爱了几百年，却结成一桩不幸的婚姻。而且织女变成了婚后慵懒的典型，劳动人民对这个形象当然也是不满意的。于是，民间艺人反复加工，长期口头流传，终于形成了另一个美丽动人的民间故事。

牛郎的父母早逝，与哥嫂在一起生活，常受哥嫂的虐待。后来哥嫂分给他一头老牛，让他自立门户。这条老牛是金牛星变的，有一天，老牛突然能说话了，它告诉牛郎说，织女和别的仙女要到银河里去洗澡。让牛郎趁仙女们洗澡的机会，把织女的衣裳拿走，就可以得到织女做妻子。牛郎听了老牛的话，悄悄到银河岸边芦苇丛中躲起来，等待仙女们来临。

那一天，美丽的仙女们果然来到银河，脱下云霞般的锦绣衣裳，在清澈的河水里嬉戏沐浴。牛郎突然从芦苇丛中跑出来，从一堆仙女服装中拿走了织女的衣裳。惊慌失措的仙女们纷纷上岸穿上自己的衣裳飞走了。只剩下没有衣服穿的织女。牛郎要她答应做他的妻子才能还给她衣服。织女对这位莽撞而诚实的少年产生了好感，含羞答应了牛郎的求婚。

他们婚后男耕女织，相亲相爱，生活幸福美满。两人还生了一男一女。但是，那头老牛不行了，临死前叮咛牛郎："我死后请把皮留下来，遇到急难时就把牛皮披上，它会帮助你的。"老牛死后，牛郎夫妻俩忍痛剥下牛皮，将牛埋在山坡上。织女原是玉皇大帝的女儿，王母娘娘的外孙女。玉皇大帝和王母娘娘知道她和牛郎成亲的事以后，勃然大怒，命令天神下界，把织女抓回来。天神下界时恰好牛郎不在家，就把织女抓回天上。牛郎回家不见织女，也不见银河，原来银河也被王母娘娘施法力搬到天上去了。牛郎和两个孩子放声痛哭，悲痛中突然想起老牛的叮咛，立即披上牛皮，用一担箩筐挑起两个孩子，一出门就身轻如云地飞起来，越飞越轻，越飞越快。他穿过团团云层，掠过灿烂群星，霎时间不知飘过了多少路程，银河已在眼前，织女也遥遥在望，孩子们招手喊妈妈，牛郎心中大喜。这时，王母娘娘心中一急，拔下头上的金簪向银河一划，清浅的银河立刻变成了万顷波涛，牛郎再也飞

老年画牛郎织女相会

不过去了。从此，他们只能隔河相望，却无法在一起生活。这条河就成了"天河"，织女气得把梭子一甩，就成了梭子星，牛郎和织女也变成了牵牛星和织女星。牛郎因为挑着两个孩子，所以两侧各有一颗小星。

天长日久，玉皇大帝和王母娘娘也拗不过他们之间的真挚感情，准许他们每年七月七日相会一次。人们传说，每逢七月七，空中很少见喜鹊，因为喜鹊都到天河给牛郎织女搭桥去了。还有人说，这天晚上夜深人静之时，在葡萄架下可以听见这对情侣的亲密絮语……

这虽然只是一个民间神话，情节却十分感人。它反映了封建专制社会青年男女们对爱情自由的渴望。反映了男耕女织小农经济的农民对幸福生活的追求。因此，在中国几千年的封建社会中获得了人们极大的同情。文人把它写入诗歌，说唱艺人把它编成话本，戏剧家把它搬上舞台，美术家把其中的情节绘成图画或雕塑。尤其在宋代，还修了牛郎织女庙。

知识链接

七夕最佳词

宋代著名文学家秦观的《鹊桥仙》是七夕代表作，末句更是成为了人们对坚贞爱情的信仰，不知有多少痴情男女在无奈分离时会用这一句来互相勉励！全词如下：

纤云弄巧，飞星传恨，银汉迢迢暗渡。金风玉露一相逢，便胜却人间无数！

柔情似水，佳期如梦，忍顾鹊桥归路。两情若是久长时，又岂在朝朝暮暮。

在七夕之夜，牵牛、织女二星竟夜经天，直到太阳升起才落下去。诗人把他们比喻成夫妻

圣泉寺鹊桥

相会。尽管传说他们一年只有一夜相逢，但也比人间有情人难成眷属要强千百倍。诗人感到如果能像牛郎织女那样爱情纯洁持久，即使不能朝暮相处也是幸福的。

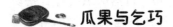 瓜果与乞巧

1. 陈瓜果祭拜

陈瓜果于庭来祭拜牛女双星的习俗，是由于古人相信织女除了管理妇女纺织的工作外，又是主宰瓜果生长的女神。像《晋书·天文志》里就说："织女，天女也，主司瓜果、丝帛、珍宝……"

在福建省，七夕祭祀牛女双星的供品包括了茶、酒、新鲜水果、五子（桂圆、红枣、榛子、花生、瓜子）、几朵插在瓶里的鲜花、妇女妆饰用的花粉等。当然，供桌上是少不了一个小香炉的。

祭拜双星的少女、少妇们，几个人一伙约好了在谁家主办，大家分摊采购祭品。在前一天斋戒沐浴，准备停当。到了七夕时，大家来到主办者的家里，在庭院间摆好供桌和各式祭品。大家轮流在桌前对天上双星焚香礼拜，并且默念自己期盼的心事——少女不外乎希望自己长得更漂亮或嫁个如意郎君；少妇们则希望自己能够早生贵子或得到丈夫公婆的宠爱。

大家祭拜后，把祭献给织女的花粉分成两半，一半投于屋上给织女用，余下的留为己用。她们相信使用与织女共享的化妆品，可以保持自己的青春美貌。而后，参加祭拜的妇女们一面吃花生瓜果、喝茶聊天，一面玩乞巧的游戏。

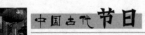

2. 乞巧的游戏

"乞巧"是向织女乞求一双巧手巧艺的意思。如《荆楚岁时记》所载：南北朝时的乞巧方法是"结彩缕穿七孔针"，七孔针大概是一端有七个针孔的特制"乞巧针"吧！它只在七夕时让妇女把彩线来回穿过它的针孔，穿得快的人就表示乞得巧了（快的人当然手巧），平日里是不能用来缝衣的。宋人金盈之在《醉翁谈录》卷四里谈到乞巧针时就说："其实此针不可用也，针褊（细小）而孔大。"

针是妇女缝纫时必备的工具，在七夕时穿针乞巧，自然和织女有着密切关系。这个习俗一直流传到后世，元人陶宗仪在《元氏掖庭记》（卷一）里，谈到七夕时说，宫女们登上高台，各用五彩丝线穿"九尾针"，比赛看谁先穿完九个针孔。先穿好的人便是"得巧"，迟的人称为"输巧"；输巧的人要把事先讲好的赌注，赠给最快的得巧者。

但明清以后，更流行"丢巧针"的游戏。方法是在七月七日这天上午，拿一碗水曝晒日中，顷刻之后，水面便产生一层薄膜，此时把平日缝衣或绣花的针投入碗中，针便会浮在水面上。

丢针的妇女便全神贯注地看水底的针影，如果呈云物花朵鸟兽之影，或细直如针形者，便是"乞得巧"，因为这些影子表示织女赐给她一根灵巧的绣花针，可以织绣出美丽的图案；如果水底针影粗如槌，或弯曲不成形者，就表示丢针的妇女是个"拙妇"，因为织女给她的是一根石杵。"针能浮水"这个有趣而不可思议的活动，在明人刘侗的《帝京景物略》、清人顾铁卿的《清嘉录》、让廉的《春明岁时琐记》等书里，都有详尽的记载。

据《清嘉录》卷七里说，苏州的风俗是在头一天夜晚就把这碗水准备好，置于庭中承受露水，到第二天七月初七日出时晒之，等水面生膜而后丢针乞巧的，当地人称为"磐巧"。"磐"是苏州土话，音笃，掷的意思；磐巧也就是掷巧。

满族妇女还用松树的叶子——松针来代替绣花针在七夕时乞巧，称为"掷花针"，这种风俗尤其盛行于清宫里。满族宗室唐石霞女士有一篇文章《御花园的七夕》，对晚清宫女七夕乞巧的活动实况，有很细腻的记述。

应节小花样

除了乞巧外，据宋人孟元老《东京梦华录》卷八里的记载，北宋汴京城到了七月初七时，市面上还出售许多可供赏玩吃食的应节小东西。

像在瓜皮上雕刻出种种花样，称作"花瓜"；用黄蜡铸出小鸳鸯、小鸭、小雁、小鱼、小鳖等涂上艳彩，置于水盆中，称为"水上浮"；在小木板上敷土种粟，

精湛的瓜皮雕刻

让它长出绿植，再配上小茅屋、小人物，做成袖珍的田舍人家，称为"谷板"；或早几天把绿豆或小麦置于瓷盆内，用水浸泡，让它长出数寸长、青葱可爱、婀娜娇立的嫩芽，再用红蓝彩缕扎成一束，称为"种生"；或以油面糖蜜制出香脆可口的巧果，称作"果食"……真是花样奇巧，美不胜收，充分显示出北宋时的中国人懂得生活的情趣。

宋代的妇女在七夕乞巧时，还捉取小蜘蛛，置于小盒中，盖好盖子，第二天一早打开，看盒里蜘蛛结网之疏密形状；如果蛛网结得圆正且密，就表示她"得巧"，能做一手好女红。

土娃娃磨喝乐

最值得一提的是七夕时市面上出售的"磨喝乐"了。磨喝乐也称作"摩喉罗"，其实这个佛经里的译名指的就是"土娃娃"，据《东京梦华录》《西湖老人繁胜录》《梦粱录》《武林旧事》等书的记载，这种娃娃有用泥塑的、有木雕的，给宫里进贡的还有象牙雕镂或龙涎佛手香木制成的，它的大小姿态不一，最大的可以高到3尺，和真的小孩不相上下。

这些安置在彩装祠座上、用碧纱罩笼的娃娃们，身上穿的衣饰，头上戴的帽子，手中玩的玩具也十分考究，甚至有用金玉珠翠来装饰它的，其价值当然十分昂贵了，希望生小孩的妇女买回家去，算是先得了喜兆。

也有些地方在七月初七这天出售蜡做的小娃娃，让妇女买回家，浮于水中以为宜子之祥。这在明人谢肇淛的《五杂俎》（卷二）、陈继儒的《群碎录》（卷一）中都有所记载，称之为"化生"。

摩喉罗手中拿的玩具，最常见的是一茎荷叶了，因此七夕时，穿着新衣服的小孩子们，也往往手持荷叶，满街游行，一面嬉玩，一面来夸耀自己衣饰的鲜丽，更给街市平添了许多热闹可爱的景象。在明刊《程氏墨谱》一书内，就有一幅"九子墨"的版画，描绘了一个手持荷叶嬉戏的儿童。

七夕文人与故事

七月七日人皆晒书，而赫隆这一天正当午时，仰卧在院中畅开怀晒肚皮，人问其故，他说"我晒书"。这一方面是对世俗晒书习俗的蔑视，另一方面也是标榜肚子里读的书多，所以晒肚皮也是晒书。汉代晒衣之风俗在魏晋时成了某些富户夸富的机会，到七月七日都拿出好衣服来晒，以夸耀富贵。如《晋书·阮咸传》记载，阮咸性格放荡不羁，与其叔阮籍同游竹林，他们是晋代著名"竹林七贤"中的二位，他叔侄俩住在道南，而道北也居住一些富庶的阮姓人家。七月七日，道北阮姓富户都大晒衣服，挂出来的衣服都是锦绣绫罗，灿烂耀目，以此来夸富贵。而阮咸呢，却在庭院里用长竹竿挑起一块又脏又旧的破布片，有人奇怪地问他干什么？他回答说："未能免俗，聊复尔耳！"魏晋时官门大地主争名斗富的腐朽淫糜之风，以及文人士子蔑视礼法、放荡不羁的清淡之风，都在七月七日晒书、晒衣的节日风俗中得到反映。

> 长安城中月如练，家家此夜持针线。
>
> 仙裙玉佩空自知，天上人间不相见。

崔颢这首《七夕》诗形象地描述了唐代长安七夕节穿针乞巧的风俗。当时长安家家户户的少女少妇，持针线、供瓜果、摆香案，向织女乞巧。直到更深夜静，她们抬头望着满天璀璨的星斗，意兴甚浓。

《桂苑丛谈》关于唐代"七夕"乞巧还记载了一个历史上流传很广的"金针渡人"的故事。传说唐肃宗时，郑代任润州刺史。郑代之兄名郑侃，其嫂张氏。生有一女名郑采娘，端庄贤淑。在七夕夜陈瓜果香案向织女乞巧。晚上梦见云雨蔽空遮盖，织女来问采娘需要乞何福？采娘回答愿乞巧。织女送给她一枚寸余长的金针，缀在纸上，让她三日不要告诉人，便可得巧，不久还可变成男子。过了两日，她却告诉了母亲，母亲感到奇异，非要看一眼。结果一看变成了一张空纸，针迹犹在。后来，采娘死后又另托生，变成了男孩。这个故事虽然荒诞不经，但流传颇广。后来用"金针度人"比喻传授某种秘法绝技。金人元好问《论诗绝句》，就有"鸳鸯绣出从教看，莫把金针度与人。"

七夕少女拜星乞巧，也正是那些少年才子赋诗扬名的好机会。

《唐诗纪事》说，林杰幼年时有奇才，出言成文。5 岁时被唐中丞召入学院，恰遇七夕节，就让林杰赋《乞巧》诗，以试其才。林杰一挥而就：

> 七夕今宵看碧霄，牛郎织女渡河桥。
>
> 家家乞巧望秋月，穿尽红丝几万条。

唐中丞读诗后，赞叹道："真神童也！"

《避暑漫抄》记载：李后主降宋以后，常常郁郁不乐。在七夕时，他填了一首词："小楼昨夜又东风，故国不堪回首月明中。"让宫女演唱，被宋太宗知道后大怒，下令赐死。这位擅长诗词的亡国之君，没有想到因"七夕"怀旧而送了命。

宋明以后，文人多受到理学僵化的思想影响，对"七夕"乞巧风俗表示反感而发出"世风日下"的感慨，不管封建文人士大夫们怎样看待七夕乞巧，而劳动人民对织女、牛郎的坚贞爱情充满了羡慕赞叹之情。宋明以后，封建礼教禁锢人们思想日益严重，妇女失去再婚的自由，青年男女不能自由相爱，女不出闺门，男女授受不亲，行别于途，坐不侧视。因此酿成了无数恨海难平、情天难圆的爱情悲剧。唐代以前，封建礼法约束还不是很严格的，因此人们对牛郎织女一年才能相会一宵，充满了同情感，反映在诗文中颇多感慨怜悯之作。宋代以后的诗文中就变成了对牛郎、织女婚姻的羡慕了。多情的风流诗人柳永《二郎神·七夕》诗中，更唱出"愿天上人间，占得欢娱，年年今夜"的祝愿和感慨。

第二节
中秋赏月寄情深

月宫之谜

中秋之夜，当那一轮皎洁的月亮冉冉升起，晶莹夺目。此时人们仰望深幽苍穹的一轮玉盘，便会引起各种不同的憧憬、遐思和联想，那是一个令人十分神往的银色世界。在美国太空人登月球之前，月亮里究竟有什么东西，是人们梦寐以求的知识。早在战国以前，古人就传说月中有蟾蜍。如唐代诗人许昼《中秋月》诗云："应是蟾宫别有情，每逢秋半倍澄清。"

到了汉代，传说月中有蟾蜍之外，又增了一只玉兔。《太平御览》引刘向《五经通义》云："月中有兔与蟾蜍"，就连东汉科学家张衡《灵宪》一书中也对这一说法坚信不疑。汉魏诗人展开想象的金翅，把兔称作"金兔""玉

中秋之月

兔"，把蟾称作"瑶蟾"。刘孝绰诗中写道："明明三五月，垂影当高树，攒柯半玉蟾，丛叶映金兔！"由于月中有蟾兔之说广泛流传，所以古代人又常以"金兔"、"玉兔"或"蟾兔"作为月亮的别称。

月亮中不仅有蟾有兔，汉晋以来，还传说有一棵大桂树。《太平御览》引《淮南子》云："月中有桂树。"到了唐代，段成式《酉阳

杂俎·天咫》中记载则进一步演绎出吴刚砍桂的神话。传说月中桂树高达500丈，这株桂树不仅高大，而且有一种神奇的自愈功能。有一位西河人姓吴名刚，因学仙有过被谪，令他在月宫伐桂树，每砍一斧，斧起而树创伤就马上愈合。因此吴刚在月宫常年伐桂，始终砍不倒这棵树。这株桂树因功能特异，所以又名娑罗树。古代人对于这种砍不断的娑罗树坚信不疑，不仅月宫有，而且人间也有了。

《云笈七签》云："月中树名骞树，一名药王，凡有八树，得食其叶者为玉仙。"成了这种"玉仙"后，身体透明，洞彻如水晶、玻璃一般。更神奇地是，传说月中"桂实"曾飘落人间，称"月中桂子"。当然，对这些月中砍树、桂树以及飘落人间的月中桂子的记载，只能当作神话传说的附会之语，同时也反映了古代人对月中桂树确信不疑。所以，古代文人学士每当中秋望月，吟诗作赋，都把月中桂树、桂子作为常用的典故。因为传说月中有桂树，所以，后世又称月亮为"桂月""桂宫""桂窟""桂轮"等。如唐诗人方干《月》诗云："桂轮秋出半东方，巢鹊惊飞夜未央。"而在中国封建社会里，秋闱大比刚好在八月，所以人们将科举应试得中称为"月中折桂"或"蟾宫折桂"。据《花间新闻》记载，宋高宗建炎二年（1128年），扬州有一士子名李易，出城闲游时见巨轮红晕冲地而出，上前观看时见数张织机，有美貌女子四五人以素丝织绢。织出的绢却是重花交叶，空处有数行字，第一行首名李易，往下皆是人名。他问这些女子织此何用，那些女子回答说："登科记也，到中秋时知之。"刚好这一年秋天宋高宗车驾南巡扬州，贡士云集。八月大比之后，中秋放榜时，第一名就是李易，其下甲乙丙丁，无一差错。李易才恍然大悟，初春所见者是蟾宫也。以蟾宫折桂比喻科场得意，也反映了古代人对月亮的美好向往。

关于月宫最美丽动人的传说莫过于嫦娥奔月的神话故事了。《吕氏春秋·勿躬》有"尚仪作占月"之语，证明嫦娥传说早与月亮联系在一起了。到了汉代，《淮南子·览冥训》中就大致记载了嫦娥奔月的故事梗概：帝羿向西王母求得不死药，而帝羿之妻姬娥窃食后成仙奔月，变成了蟾蜍。这个故事在民间广泛流传，增枝添叶，越来越完整。传说嫦娥飞入月宫后，不料月宫清冷寂寞，使嫦娥心情惆怅，十分失望。因此，古代诗人以月宫嫦娥为题材，写了许多脍炙人口的千古杰作，如唐代李商隐《嫦娥》诗中写道：

云母屏风烛影深，长河渐落晓星沉。

嫦娥应悔偷灵药，碧海清天夜夜心。

明代诗人边贡《嫦娥》诗中也写道：

月宫秋冷桂团团，岁岁花开只是攀。

共在人间说天上，不知天上忆人间。

这些美丽动人的神话传说，包含着人类对地球最近的天体——月球的种种美丽遐想。同时也反映了妇女追求自由解放和独立的强烈愿望，因而得到了文人骚客的无限同情。也正是这些美丽的传说给月宫挂上了七彩霓虹般绚丽的花环，当人们拜月之时，联想这种种传说，尤为兴味盎然。

赏桂观潮

八月中秋，正是丹桂飘香的时节，又因中秋传说中的月桂，遂有赏桂之举。显然，这不是举处皆有的习俗，只有在桂树生长的地方才得以赏桂。杭州灵隐寺有大片桂树，白居易、苏东坡都曾在这里赏桂吟诗。唐代宋之问的《灵隐寺》诗有"桂子中天落，天香云外飘"句。四川新都有桂湖，湖畔丛桂达 200 余株，绵延数里，香飘远近，也是

盛开的桂花

赏桂胜地。此外南京古云谱、苏州虎丘，赏桂之举也颇为盛行。桂林八月，则更是桂香溢远，清新宜人。

与赏桂同样具有很强地域性的是中秋观潮。早在汉代，枚乘就记述过广陵（扬州）观涛，《七发》云："将以八月之望，与诸侯交游兄弟，并往观涛于广陵之曲江。"《南齐书·州郡志》也说此地"土甚平旷，刺史每以秋月多出海陵观涛，与京口对岸，江之壮阔处也。"闻名遐迩的观潮，则多指杭州的钱塘观潮。据《元和郡县志·江南道钱塘县》记载："浙江东流入海处的钱塘江，每年八月十八日，浪涛涌至数丈，数百里士女，共观舟人渔子，沂涛触浪，谓'弄潮'。"钱塘江入海口有它得天独厚的条件，是潮之最有可观处。

中秋钱塘观潮之举唐宋时已经很是盛行，尤以南宋为最。宋周密《武林旧事》及吴自牧《梦粱录》分别记云：浙江之潮，天下之伟观也。自既望以至十八日为最盛……吴儿善泅者数百，皆披发文身，手持十幅大彩旗，争先鼓勇，溯迎而上，出没于鲸波万仞之中，腾身百变，而旗尾略不沾湿，以此夸能。而豪民贵宦，争赏银彩。临安风俗，四时奢侈，赏玩殆无虚日。西有湖光可爱，东有江潮堪观，皆绝景也。每岁八月内，潮怒胜于常时。都人自十一日起，便有观者，至十六日、十八日倾城而出，车马纷纷。十八日最为繁盛，二十日则稍稀矣。十八日盖因帅座出郊，教习节制水军，自庙子头直至六和塔，家家楼屋尽为贵戚、内侍等赁作看位观潮。

其杭人有一等无赖不惜性命之徒，以大彩旗或小清凉伞，红绿小伞儿各系绣色缎子满竿，伺潮出海门，百十为群，执旗泅水上，以迓子胥弄潮之戏，或有手脚执五小旗浮潮头而弄。

以豪放风格著称的词人苏东坡大约正是为这景象所感，遂有共鸣之作《中秋观夜潮》诗。在描摹中溢出几分赞叹：

定知玉兔十分圆，已作霜风九月寒。寄语重门休上钥，夜潮留向月中看。
万人鼓噪骇吴侬，犹似浮江老阿童。欲识潮头高几许，越山浑在浪花中。
吴儿生长狎涛渊，冒利轻身不自怜。东海若知明主意，应教斥卤变桑田。
江神河伯两醯鸡，海若东来气吐霓。安得夫差水犀手，三千强弩射潮低。

送瓜降神兔儿爷

秋常被称为"金秋"，意在说明这是一个硕果累累的丰收季节。自然，这季节的物品必定很是丰裕，中秋的节物也就颇多。但概括来说，也不外时鲜瓜果、月饼、兔儿爷一类。

中秋供月的案头是少不了瓜果的，馈赠的礼品也少不了瓜果。仲秋时节，正是瓜果旺季，各种新鲜果蔬数不胜数。瓜有西瓜、香瓜、哈密瓜，葡萄的种类则更多，此外枣子、桃子、苹果、梨子、石榴、莲藕等，应有尽有。正因如此，老北京人把中秋节称作"果子节"。清让廉《京都风俗志》记载了北京瓜果市之盛况：中秋节"前三、五日，通衢大市，搭盖芦棚，内设高案盒筐，满置鲜品、瓜蔬，如桃、榴、梨、枣、葡萄、苹果之类，晚间灯下一

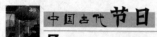

望，红绿相间，香气袭人，卖果者高声卖鬻，一路不断。"当时送礼和上供的果品颇为讲究。果农在苹果未熟时，将用纸剪的福、寿、佛字等图案贴于果上，不使曝晒，熟时揭纸，红苹果上就留下了红绿相间的图案，精美绝伦。送礼时装在特制的小筐里，下垫香蒿，筐外加红绿门票，以应佳节。

兔儿爷

兔儿爷流行于北京、天津地区，又称"彩兔"。民间取月中蟾蜍玉兔祭拜，以祈中秋顺遂吉祥。清代潘荣陛《帝京岁时纪胜》记载："京师以黄沙土作白玉兔，饰以五彩妆颜，千奇百状，集聚天街月下，市而易之。"中秋前后，街上许多摊贩都会售卖兔儿爷。居民争相购买，放在屋内，或供奉在祭月几案上。兔儿爷是用模子翻塑出来的，先把黏土和纸浆拌匀了作材料，填入分成正面和背面两个半身的模子里。等材料干了倒出来，再把前后两片黏在一起，配上耳朵，而后在身上刷层胶水，再上色描金。

兔儿爷大的有 3 尺多高，最小的只有 3 寸大小，无论大小，都是粉白的嫩脸，戴着金盔，身披战袍，描绘得十分精致。兔儿爷左手托着个小小的臼，右手拿个小小的杵，背上还插着纸伞或小旗。它的坐骑有狮子、老虎、梅花鹿或骆驼，也有坐在莲花宝座上的，真是威风凛凛，神气十足。

由于中秋当天为众神下凡之日，又有许多降神活动。

迷童子

《中华全国风俗志》下篇卷七《广东》："月明如昼，……其法先择男子一人，令合眼危坐，作法者乃先烧符一度。其符极简单，人多知者。令数人手持香火一大把，向童子前后摇曳，若画圈然。约半小时，童子即喃喃自语，众乃呼曰：'师傅至矣'！复问曰：'师傅喜用刀耶，抑剑耶?'问至男子点首，即为合意，众乃以器械授童子，觉飞扬起舞，若有家法。演毕，男子即睡倒，呼其名即醒，或曰：'是殆野鬼游神所凭藉也。'"这种活动可能是一种气功，但被披上了一层迷信色彩。

请篮神

篮神，又名篮姑，女神之一，由数人主祭。请篮神时，在屋内选一黑暗角落，置一竹筐，外围以女人衣，筐内放一椰子壳，作为篮神的替身。前放一矮凳，妇女唱《请篮歌》："请篮姑，请篮姑，你系佛山人氏女，你系省城人氏娘。家婆严令吞金死，丈夫严令早辞阳。"如果降神，由巫女操持竹筐，向矮凳叩头，这时围观的人可向篮神发问，如猜年龄、问数字，篮神以向矮凳叩头答之。

请桌神

这个仪式无论男女主持均可。取一碗，盛满水，然后把一个四脚桌反放在碗上。在桌子四角各站一人，他们以左手指轻按桌脚，右手持香围绕其桌脚转。念词曰："桌神绕绕转，四人绕绕转。"不久，桌子就转动起来，四个人也跟着跑，而且越跑越快，谁坚持不住时，可由他人代替。事后把桌子取下，碗内盛的水如故。

花灯求子吃月饼

在南方不少地方都有"摸秋求子"风俗，《中华全国风俗志》下篇卷三《江苏》："乡村愚妇，有夜分私取园瓜，谓之'摸秋'，以兆生子。"南京地区妇女在中秋夜入人家菜园，摸得瓜者可得子。在湖南也有这种风俗。《中华全国风俗志》下篇卷六："中秋晚，衡城有送瓜一事。凡席丰履厚之家，娶妇数年不育者，则亲友举行送瓜。先数日于菜园中窃冬瓜一个，勿令园主知之，以彩色绘成面目，衣服裹于其上如人形，举年长命好者抱之，鸣金放炮送至其家。年长者置瓜于床，以被覆之，口中念曰：'种瓜得瓜，种豆得豆'。受瓜者设盛筵款之，若喜事然。妇女得瓜后即剖食之。"

莲花灯

玩花灯

南方在中秋这日必玩花灯。花灯包括各式各样的彩灯，如刨花灯、稻草灯、鱼鳞灯、谷壳灯、瓜子灯及鸟兽花树灯。广西南宁除了用竹纸扎各式花灯让儿童玩耍外，还有很朴素的柚子灯、南瓜灯、橘子灯。所谓柚子灯，是将柚子掏空，画出图案，穿上绳子，在里面点上蜡烛就可以了。南瓜灯、橘子灯也是将瓤掏出后制作而成的。这些灯外

凤凰和九天宫灯

表朴素而制作简易，很受欢迎。而在广州、中国香港的小孩，在家长的协助下用竹纸扎成兔子灯、杨桃灯或正方形的灯，横挂在短杆中，再竖到高杆上，高挂起来，彩光闪耀，为中秋喜添美景。

舞火龙

在中国香港铜锣湾大坑地区，从农历八月十四晚开始，一连三晚都要举行盛大的舞火龙活动。火龙长达70多米，用珍珠草扎成32节的龙身，插满了长寿香。盛会之夜，大街小巷，一条条蜿蜒起伏的火龙在灯光与龙鼓音乐中欢腾起舞，热闹喧天。

舞火龙

团圆馍

陕西长安一带，中秋节家家要做团圆馍。馍有顶、底两层，中间夹着芝麻。上层用大老碗拓一个圆圈，象征月亮。圆圈中央刻上一块"石头"，一只顽皮的"小猴子"站在"石头"上吃"蟠桃"。在月亮周围用顶针、大针扎出各种花形，然后放在锅里烙热。吃时切成许多尖牙的形状，给全家每人分一块，如果有人短期外出，可以留下；姑娘如已出嫁，要派人送去。

明月与文人

中秋节夜月圆如璧，清光似水，冷辉如霜，泛舟水面如行镜中，此时载酒赏月，又别是一番情趣。唐代诗人裴夷直就曾同白居易中秋夜荡舟洛河，载酒赏月。兴酣之际，当即赋诗道：

> 清洛半秋悬璧月，彩船当夕泛银河。
> 苍龙颔底珠皆没，白帝心边镜乍磨。
> 海上几时霜雪积，人间此夜管弦多。
> 须知天地为炉意，尽取黄金铸成波。

这首诗尾联取汉代贾谊《鹏鸟赋》为典，"天地为炉兮，造化为工，阴阳为炭兮，万物为铜。"在月光下，江水荡起金黄色波涛，这不正是天地为炉，以金铸波之意吗？中秋对月，笑傲山水之间固然有趣。然而嗜酒如命的谪仙诗人李白却喜欢对月独酌。"花间一壶酒，独酌无相亲，举杯邀明月，对影成三人。"当酒酣兴发之际还要纯真地把酒问月："青天来月有几时，我今停杯一问之。人攀明月不可得，月行却与人相随。""今人不见古时月，今月曾经照古人。古人今人若流水，共看明月皆如此。唯愿当歌对酒时，月光长照金樽里。"如果说李白嗜酒如命，那么简直以月为魂了。传说李白之死是醉后扑江捞月而死，固不足信，但也可说明他对赏月不仅有雅兴，而且不要命了。

《诚斋杂记》有仙女下嫁之记载。钟陵西山，每至中秋节，车马喧阗，声闻千里，贵族豪俊之士，多召名姝善歌舞者，夜间在月光下歌舞赏月。歌女们握臂相连，踏歌而舞。有一位书生名文箫，观睹时发现一位歌女美貌无双，唱歌也十分独特："若能相伴步仙坛，应得文箫驾彩鸾。自有绣襦并甲帐，琼台不怕霜雪寒。"文箫突然悟到此人可能是月宫仙女下凡，二人眉目传情，流眄顾盼。歌罢此女穿过松林登山往险峰而去。文箫紧随其后登上山顶。突然风雨骤起，有一位仙童持天书至，判吴彩鸾以私欲泄天机，谪为民妻。于是仙女吴彩鸾便与文箫结为夫妻，居住钟陵山侧。当然这个记载也同月中嫦娥一样，是民间传说的神话故事，真实性不必考究。但它反映出当时人们对中秋节赏月的重视以及追求自由幸福的渴望。

中秋时节，大文学家欧阳修与诗人王君玉备好酒席，叫来歌女，待月出

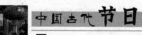
而赏时，却逢上一场大雨。但是二人仍赋诗自娱，彻夜不眠，欢度中秋。欧阳修并赋诗《酬王君玉中秋席上待月值雨》写道：

> 池上虽然无皓魄，樽前殊未减情欢。
>
> 绿醅自有寒中力，红粉尤宜烛下看。
>
> 罗绮尘随歌扇动，管弦声杂雨荷干。
>
> 客舟闲卧王夫子，诗阵教谁主将坛。

有红粉歌女，绿醅佳酿，管弦之乐相伴，无月亦可尽欢。先有王君玉与欧阳修中秋待月遇雨，后来与晏殊在南郡赏月时又遇上了雨天。据《谈苑》记载：晏殊留守南郡时，一定要求王君玉同去为府签判。平时二人赋诗饮酒为乐。到中秋节时，阴云蔽天，晏殊感到扫兴，早早而寝。到了夜间，王君玉请晏殊起来赏月，晏殊认为无月可赏，不肯起床。于是王写了两句诗："只在浮云最深处，试凭管弦一吹开！"晏殊一读大喜，立即穿衣起床，备酒宴，奏乐待月。果然到了夜半时，雨住天晴，皎月高悬，欢宴赏月达旦。真有点"幕府有佳客，风月知人意。"

宋代写中秋月最脍炙人口的莫过于苏东坡的《水调歌头》一词了：

> 明月几时有，把酒问青天，
>
> 不知天上宫阙，今夕是何年。
>
> 我欲乘风归去，只恐琼楼玉宇，
>
> 高处不胜寒。起舞弄清影，
>
> 何似在人间。转朱阁，
>
> 低绮户，照无眠，
>
> 不应有恨，何事长向别时圆。
>
> 人有悲欢离合，月有阴晴圆缺，
>
> 此事古难全。但愿人长久，
>
> 千里共婵娟。

这首词写于宋神宗熙宁九年（1076年），由于苏东坡反对王安石新法，一直处在新旧党争的旋涡里不能自拔，他被贬官出朝。相传这首词当时被广泛传唱，宋神宗问外边有何流行新词时，内侍将此词抄送神宗。当宋神宗读到"高处不胜寒"时，为之感动，说"苏轼终是爱君也！"看到下阙更觉情词恳切，于是下诏将苏轼升迁一级。

第三节
登高望远须重阳

农历九月九日，俗称重九，古人认为九是阳数，所以这天又叫重阳节。

重阳节的历史渊源

重阳是魏晋以后才兴起的一个节日。在两汉以前，中国人只有春秋两次祭社神（土地神）、三月上已执简招魂、冬至后的腊日祭百神而已。两汉时的节日又多了元宵、冬至和夏至。魏晋以后，中国人开始过重阳节，比起端午、七夕和中秋，重阳算是中国人的一个古老的节日，至今已有1700年以上的历史了。

"重阳"或"重九"等名词，究竟是何时出现的呢？"重阳"的名称肇始于三国时代，魏文帝曾写信给大臣钟繇说："岁往月来，忽复九月九日，九为阳数，而日月并应。俗嘉其名，以为宜于长久，故以享宴高会。"可见在当时就已出现"重阳"一词了。另外，陶渊明在《九日闲居》一诗的序文里说："余闲居，爱重九之名。秋菊盈园，而持醪靡由，空服九华，寄怀于言。"可见最迟在东晋初年，也有"重九"之名了。这些都说明了魏晋以来，重阳已成为中国人很重视的一个节日了。

晋朝时，有个与重阳节有关的著名故事"龙山落帽"。据《晋书》卷九十八《孟嘉传》所载，孟嘉本是晋朝大司马桓温手下的参军大将。九月九日重阳节这天，他与桓温等人同登龙山。孟嘉观赏美景出了神，连帽子被山风吹走了还不知道。桓温就叫人作文嘲笑他，孟嘉也不甘示弱地作文答辩，由于文采甚美而传为佳话。

晚清的画家任伯年，在光绪十一年（1885年）画了一幅《龙山落帽图》，描写的就是这个故事。他用枯枝和衣袍的后飘和树干、拐杖成反方向，来表现山风的劲疾，相当生动而成功。

　　魏晋以后的中国人，无不把重九视为一个重要的节日，进而种种的活动，像登高、赏菊、佩茱萸、吃重阳糕等，而使得这个节日显得多彩多姿。

　　重阳登高有一个颇富传奇性的神话故事。据梁人吴均在《续齐谐记》里说：汝南桓景随费长房游学累年，长房谓曰："九月九日，汝家中当有灾，宜急去，令家人各作绛囊，盛茱萸以系臂，登高，饮菊花酒，此祸可除。"景如言，齐家登山。夕还，见鸡犬牛羊，一时暴死。长房闻之曰："此可代也。"今世人九日登高饮酒，妇人带茱萸囊，盖始于此。可见东汉后已有重九登高之俗，以为登高可避祸免灾。

　　重九为何有灾厄？原来在中国人的观念里，一三五七九为阳，二四六八为阴；九为数之极，也称作老阳。由一数至九，就到了尽头而又得回到一了，所以中国人说"九为老阳，阳极必变"（见清人俞樾《茶香室续钞》卷七），而"九"在卦卜数术中，是代表由盈而亏，由盛转衰的不吉数字。清人董含在《莼乡赘笔》里就说："今人逢九，云是年必多灾殃。"而九九更是大大不吉，必定会有灾厄降临，这是前引《续齐谐记》故事的思想背景。

🥢 菊花会

　　金秋九月，菊蕊笑绽，千姿百态，氤氲芬芳，美不胜收，故而九月也叫"菊月"。重九为九月令节，就像人们把艾、菖蒲及百草和端午联系一样，菊也和九九重阳密不可分。重九也叫"菊节""菊花节"，这便是明证。重九菊节与菊有关的节俗活动有赏菊、簪菊、饮菊酒、食菊糕等。重九这些有关菊花的节俗，既是我国民众所创造的菊花的文化特性所致，又是其中不可或缺的部分。

　　菊花是我国的传统名花之一，春兰秋菊并称，向来被视作花中神品。就此而言，褒赏菊花之风在屈原的时代就已经出现。汉代，人们饮菊花酒以延寿，《西京杂记》载此事。到唐宋时期赏菊之举蔚成风气唐人咏菊诗无以计数，王维《奉和重阳节上寿应制》诗即点出菊花节名目："无穷菊花节，长奉柏梁篇"。当然，宋词中咏菊的名篇佳作也不比唐诗逊色。据《东京梦华录》和《梦粱录》记载，宋时赏菊之俗最是盛举。届时，无论皇室贵戚还是文人士子、小民百姓，都要玩赏菊花。士庶平民不过买几盆来清赏；富家大族以及宫中则罗列各品鲜菊吟赏，且有丝竹宴饮。当时，菊花的"立体"欣赏之举已经出现，比如一般商肆用菊花装饰门户，宫中则设重九排当、燃菊灯。周密《乾淳岁时记》云："禁中例于八日作重九排当，于庆端殿分列万菊，灿然眩眼，且点菊灯，略如元夕。"这就为清代的所谓"九花山子"打下了基础。

九花山子是各色菊花数百盆堆成的，并结缀出吉祥的字样来。《燕京岁时记·九花山子》记云：

九花者，菊花也。每届重阳，富贵之家以九花数百盆，架度广厦中，前轩后轾，望之若山，曰九花山子。四面堆积者曰九花塔。

不仅北京有这种堆叠菊山之俗，南京亦有。《中华全国风俗志》记云：

重阳节……又以五色纸凿成斜角式，连缀成旗，竖之院中，以庆重阳。是时菊花大放，有茶肆招徕生意，用五色菊花堆迭成山，高下参差，颇有可观，动至数百盆云。

赏菊之外，又有簪菊。这种习俗起初或有辟恶的意思，后来则纯粹是为了装饰。周密《武林旧事》云："都人是日饮新酒，泛萸簪菊。"《乾淳岁时记》也谈及此俗。诗词诵及此俗的更多。唐杜牧诗云："尘世难逢开口笑，菊花须插满头归。"唐末农民起义领袖黄巢《菊花》诗也有"待到秋来八月八，我花开启百花杀。冲天香阵透长安，满城尽戴黄金甲"的句子。宋司马光《九日赠梅圣俞瑟姬歌》有句"不肯那钱买珠翠，任教堆插阶前菊"，又苏轼《次韵苏伯固主簿重九》诗云："鬓垂不嫌黄菊满，手香新喜绿橙搓。"此外，当时人们还用菊花装枕头，俗说可以去头风、明眼目。陈元靓《岁时广记》记及此事，陆游《老态》诗之一亦云："头风便菊枕，足痹倚藜床。"

早在先秦，屈原诗中就有"夕餐秋菊之落英"的句子。饮菊酒，在西汉文献中就有记载。屈原时代究竟如何"餐菊"，不得而知；宋代却有以菊花入糕的"菊花糕"。《乾淳岁时记》云："都人是日饮新酒，泛黄簪菊，且各以菊糕为馈，以糖肉秫面杂物为之。"想来，这种糕点的做法和榆钱糕、菊花饼没有多少差别。

菊酒用菊花浸制而成，多在九九重阳节期制作、饮用。汉刘歆《西京杂记》甚至已经谈到了菊酒的制作法："菊花舒时，并采茎叶，杂黍米酿之，至来年九月九日始熟就饮焉，故谓之菊花酒。"宗懔的《荆楚岁时记》也记及饮菊酒之事。到唐宋，重阳节饮菊花酒已经蔚成风气。据《景龙文馆记》载，唐中宗在慈恩寺大雁塔宴客，群臣献菊花酒祝寿。唐王缙的《九日作》诗也说："今日登高樽里酒，不知能有菊花无。"菊花酒与桂花酒一样，是一种节令饮品，推广开来便是一般的健身饮品，俗说菊酒辟恶，唐李欣《九月九日刘十八东堂集》诗云："风俗尚九日，此情安可忘，菊花辟恶酒，汤饼茱萸香。"

 知识链接

陶渊明与菊花

陶渊明，字元亮，自号"五柳先生"，晚年更名"潜"，浔阳柴桑（今江西省九江市）人。出生于一个衰落的世家，生活在晋宋易代之际。父亲早死，因家贫，曾做过几年的官，却因不肯"为五斗米折腰，拳拳事乡里小人"而解绶去职，过起了躬耕自足的田园生活。陶渊明的田园生活中最爱的便是种菊、赏菊，他以菊花为志，"不戚戚于贫贱，不汲汲于富贵"是他一生的真实写照。陶渊明写过许多有关菊花的诗，这里录陶渊明《饮酒》其五：

结庐在人境，而无车马喧。问君何能尔？心远地自偏。采菊东篱下，悠然见南山。山气日夕佳，飞鸟相与还。此中有真意，欲辨已忘言。

 ### 茱萸辟恶

如同五月端午节为毒月一样，民间也认为九月九日重阳节为逢凶之日，多灾多难。因此在重阳节必须采取种种驱灾求吉巫术，插茱萸就是一种。

茱萸香味浓郁，可以驱虫去湿，逐风邪，治寒热，消除积食，是一种常用的中草药。插茱萸起源较早。刘歆《西京杂记》卷三"九月九日佩茱萸，食蓬饵，饮菊华（花）酒，令人长寿。菊华舒时并采茎叶，杂黍米食之。至来年九月九日始熟，就饮焉，故谓之菊华酒"。民国《盖平县志·岁时》认为："茱萸主祛风湿，宣气开郁，性虽热而能引热下行；菊花具四时气，备经霜露，得金水之精，能息风除热。"因此，北魏贾思勰在《齐民要术》卷四中称"舍东种白杨、茱萸三根，增年益寿，除患害也"。可知除在头上插茱萸外，在房前屋后种茱萸也有"除患害"之效。民间还多在井旁种茱萸，让茱萸落在井水中浸泡，认为也有祛瘟病的作用。总之，人们把茱萸视为灵物和药物。唐代诗人王维《九月九日忆山东兄弟》中说："独在异乡为异客，

茱萸果

每逢佳节倍思亲。遥知兄弟登高处，遍插茱萸少一人。"

宋代民间在九月九除插茱萸外，也插菊花避瘟。《梦粱录》卷五："盖九为阳数，其日与月并应，故号曰'重阳'……今世人以菊花、茱萸，浮于酒饮之，盖茱萸名'辟邪翁'，菊花为'延寿客'，故借此两物服之，以消阳九之厄。"

胶东农村多在重阳节祭财神。长岛地区认为重阳节为鬼节，家家户户要上坟祭祖，祈求祖先保佑平安。在山东还有祭范仲淹的风俗。各种手工业作坊都祭祀行业神，瓦木工祭鲁班大师、酒坊祭杜康、染房祭梅福或葛洪，祈求行业神保佑。如果说插茱萸是避邪防毒，那么重阳节还有不少更积极的驱鬼巫术，如迎神驱疫、大送船等，就是重阳节的宗教活动。

 重阳美食与彩旗

1. 重阳节的吃食

逢年过节总少不了吃，重阳的应节食品有重阳糕、羊肉和菊花酒等等。

重阳糕也称作"花糕"、"发糕"或"菊糕"，是用发面做成的糕点，可以加入枣子、银杏、松子、杏仁做成甜的，也可以加肉做成咸的；考究的还做成九层高，像个小宝塔，上面再做两只小羊，以合乎"重阳（羊）""重九"的意义；有的还在糕上插了小彩旗。

吃重阳糕在宋朝已十分风行，因为在《东京梦华录》《梦粱录》《武林旧事》等宋人记载汴京、杭城风土的书里，都提到重九吃重阳糕。此风后世盛行不衰，像明人刘侗在《帝京景物略》卷二里说："九月九日……面饼种枣

栗，其面星星然，曰'花糕'，糕肆标纸彩旗，曰'花糕旗'。父母家必迎女来食花糕。"清人顾铁卿《清嘉录》卷九中也说："居人食米粉五色，名重阳糕。"可见一斑。

重阳食糕，是因为"糕""高"同音，而寓步步高升、前途光明的意思。明人谢在杭引吕公忌的话说："九日天明时，以片糕搭儿女头额，更祝曰：'愿儿百事俱高。'此古人九日作糕之意，其登高亦必由此。"可为佐证。

过佳节总得再吃些好东西，江南沿海有些地方吃蟹，但内地、江北和塞外更风行在重阳节吃羊肉。秋天是羊儿正肥的时节，羊肉又性暖能够祛寒，重阳节吃羊肉便自然而然地成为一种习俗了。此外，"羊""阳"同音，也是重阳节吃羊肉的另一原因。

根据《西京杂记》记载，汉武帝宫人贾佩兰九月九日饮菊花酒，认为饮菊花酒可以长寿。菊花酒的做法是这样的：菊花开放时，采茎叶，杂黍米酿之。至来年九月九日始熟，谓之"菊花酒"（引自宋人李石《续博物志》）。除了延年，菊花酒还可治头风，宋人陈元靓的《岁时广记》卷三十四里，有详细的记载。

 2. 重阳彩旗

除了在重阳糕上插彩旗外，江南有些地方的人家还在门前插上多少不一、大小不等的五彩纸旗，在重阳节时迎风飘扬，蔚为旗海。

重阳旗是民间艺术之一，每年中秋一过，擅画者即开始绘制各种纸旗或公开展览或馈赠亲友。也有贫寒的画家，专门以此赚取斗米之资的。旗纸是上乘宣纸或连史纸，或正方形、或三角形、或长方形；大小也分数级，旗的边缘都镶上纸质的流苏，迎风展拂，十分美观，至于画的内容，有"八仙过海""刘海戏蟾""竹林七贤"，等等，也有取材于"三国演义"、"精忠岳传"或"二十四孝"的，大街小巷如一片旗海，令人眼花缭乱，目不暇接。

像江苏泰兴县城，还在城隍庙、夫子庙等公共场所，举行彩旗大会，每逢重阳前夕，名家绘制的彩旗，都在此公开展览，琳琅满目、美不胜收。参观的人潮汹涌，像元宵观灯一样的热闹。

重阳是中国人的一个古老节日，在今天虽已罕见重阳糕、佩茱萸、插彩旗等往昔的风俗了，但趁此假期到郊外爬爬山，健体休闲两不误，也是一件乐事。

瑞雪兆丰年——冬季节日

　　冬季是四季中的最后一季，也是最寒冷的季节。在物候上，冬季没有春季的温暖，夏季的繁盛，秋季的宜人。但在岁时文化中，冬季是在丰收之后，有着最隆重的喜悦、最集中的庆典和火一般的热情。此时，热闹的都市也许还那样喧嚣，但乡村的田野麦场却渐渐变得沉寂起来。经过忙碌而充实的秋季，人们开始了比较闲适的生活，活动场所也日渐由户外移向户内。当然，人们的生活并没有因为季候的转换、活动场所的限制而枯燥乃至停滞，相反，在整个冬季，人们的生活是那样丰富多彩、五色缤纷，火热得正与那窗外的寒冰飞雪形成鲜明的对照。人们当然更没有忘记在这段时间的链绳上缀满一个个节日，从从容容地走过这段飞雪中的岁月之路。

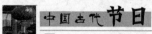

第一节
冬至祭祖更拜天

相传冬至大如年，贺节纷纷衣帽鲜。

毕竟句吴风俗美，家家幼小拜尊前。

这是一首苏州一带的竹枝词，写的是当地的冬至风俗。这首竹枝词不仅概要地写到冬至的节俗，并且也谈到了这个节日在一年所有岁节中的地位，即所谓"冬至大如年"。竹枝词中不乏作者对这个节日的赞美、称赏，情感溢于言表。那么，冬至何以"大如年"。又究竟有怎样的节俗活动呢？不妨先从冬至的名称与内涵说起。

冬至大如年

冬至亦称"至日""长至""短至"。冬至本是二十四节气之一，时间大约在阳历的十二月二十二、三日间。《易·复》曰："先王以至日闭关。"按照天文学的解释讲，冬至日阳光直射南回归线，北半球白昼最短；其后阳光直射位置向北移动，白昼渐长。古代就注意到这样的现象：在我国，冬至日白昼最短，夜晚最长；自此以后，昼夜短长开始变化，夜消昼长。这些，正是冬至节俗活动的自然依托，而旧时冬至的许多别称也是由此而来的。

就像人生礼仪中给人的年龄、人生阶段及其他重要关节以别称一样，岁时礼俗也造就了许多月份、节令的别称。不管是主要的名称还是别称，它们都反映了人们对外在事物的认识，而这个名称更反映了这种认识的多角度和多样性。

既然说事物的别称折射了民族文化的许多方面，那么冬至的别称就不仅仅是人们从节气角度认识自然的结果。冬至别称的出现和存在，既体现了人们对自然的观察，更体现了人们文化的眼光，对自然和文化两个角度的认知才使它有了丰富多彩的别称。

长至，也叫长至节。这是以自然现象为基础的别称。自夏至以后白昼渐短，到冬至达到极点，其后白昼渐长，因此冬至别称"长至"，意谓白昼之长将（已）至。

短至，也叫短至节。这也是以自然现象为依托的别称，只是解释的角度不同。长至的解释着眼于"将来"，短至则相反，从"现在时"的角度解释冬至。冬至日，达到短之至，故称"短至"。

肥冬，这是从习俗的角度认识冬至的。冬至早于年节，饮食丰盛，并且有以酒、肉馈送亲友的习俗，故称。"冬至，拜节，或以羊、酒相馈遗，谓之'肥冬'。"

喜冬，与肥冬的着眼点及用意相同。冬至节亲友相贺、喜气洋洋，故称。"冬至，谓之'喜冬'。官率合属，前一日司仪，五鼓望阙拜贺，绅士家行拜贺礼。民间止以面饺祀天，遍奉家长。"

亚岁，这是与年节相比较而生的别称。意思是冬至亚赛年节和俗谚"冬至大如年"如出一辙。

冬肥年瘦，这是从社会生活的角度来比较年节和冬至。据说此俗以江浙一带为最，其实北方此俗亦盛，前引河北《怀来县志》即称"冬至拜节，或以羊酒相馈遗，谓之'肥冬'。"在我国北方的绝大部分地区，一般民众一年辛勤劳作，是很少品味酒肉的。秋收之后，农事告竣，新谷入仓，乡村的糟坊（酒作坊）也就开始了一年一度的工作，炉火通红，酒漏滴香。而在小雪、大雪之后，年节准备工作开始，宰猪杀羊，厨溢肉香。冬至节在年节前，正是诸物丰饶之时，各家饮食自不待说，亲友贺节所携礼物也颇贵重。而当年节之时，诸物已或多或少有所消耗。就生活的肥瘦（旧时乡民谈菜肴的好坏，多以肥瘦，也就是肉的多少论之；推而广之，肉的多少也就意味着生活的好坏）而言，当然是冬肥年瘦了——一句俗谚，正道出了冬季乡土生活某一方面的状貌。

冬至大如年，也称冬至大似年，大冬大似年。这种比较和冬肥年瘦的比较基点大体是一致的，因此有人说："十一月冬至节，丛火，祀家庙、福祠、灶圣拜父母尊长，设家宴，亲戚相贺，与春节一例。谚云大冬如大年，即吴

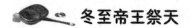

中'肥冬瘦年'之说也。"但是，两句俗语的比较事项却稍有些差别，"冬至大如年"更注重的是节日的礼俗，是说冬至与年节的礼俗活动相差无几，所谓"（冬至节）诸凡仪文，加于常节，故有'冬至如大年'之谣。"

 ## 冬至帝王祭天

1. 宋代冬至郊祀礼

祭天就是古代的"郊祀"礼。中国人相信，夏霜、冬雷、风霾、流星、彗星、日月蚀、水旱灾、红雨、地震等异相，都是上天对世人的一种惩罚，因为人间有些事情违反了天意，这时身为天帝之子的皇帝，就必须下诏书承认自己犯了过错，以禳灾祈福。而为了预祈来年的平安，"祭天"成了帝王每年冬至时隆重的例行公事。

祭天大多在京城的南郊，因为天是阳、地是阴，所以祭天应该在向阳的南边，祭地应当在向阴的北边。据《东京梦华录》卷十所载，北宋君主祭天的仪式大致是这样的：冬至前三日，驾宿大庆殿，宰相执百官皆服法服，其头冠各有品从，余执事人皆介帻绯袍，亦有等差。次日五更，摄大宗伯执牌奏中严外办，铁骑前导番衮，驾诣太庙青城，是夜宿太庙。至三更，出南薰门，驾御玉辂诣青城斋宫。至冬至前夜三更，驾出南郊青城，南行曲尺西去约一里许郊坛行礼。帝更换祭服，平天冠，二十四旒，青衮龙服，中单朱舄，纯玉佩。二中贵扶侍行至坛前，坛下又有一小幕殿，谓之"小次"，内有御座。坛高三层，七十二级，坛面方圆三丈许，有四踏道。坛上设二黄褥，位北面南，曰"昊天上帝"；东南面曰"太祖皇帝"。乐工皆裹介帻如笼巾、绯宽衫、勒帛。二舞者，顶紫色冠，上有一横板，皂服、朱裙履。乐作，初则文舞，皆手执一紫囊、盛一笛管结带。武舞，一手执短稍，一手执小牌，比文武加数人。乐作先击祝，乐止则击敔。礼直官奏请驾登坛，前导官皆躬身，侧引至坛止，惟大礼使登之，先正北一位拜跪酒，殿中监东向一拜晋爵盏，再拜兴，复诣正东一位，才登坛而宫架声止，则坛上乐作。降坛则宫架乐复作。武舞上，复归小次。亚献终献上亦如前仪。执事与陪祠官皆面北立班。宫架乐罢、鼓吹未作，外内数十万众肃然，惟闻轻风环佩之声。一赞者喝曰："赞一拜！"皆拜，礼毕。

2. 明清天坛郊祀

明清建都北京，祭天就在北京城南郊的天坛举行（由于天坛筑好之后，又修建了外城，所以现在的天坛是被圈在北京外城的里面）。天坛是个方圆超过十里的公园，包括了三个最有名的建筑：祈年殿、皇穹宇和圜丘台。这是明成祖永乐十八年（1420 年）所建的，迄今已有 500 多年的历史。

天坛里面的气派可真不小，从北边一进门，大路两旁，全是老槐树和老柏树的大树林，树林里面靠天坛的东北角又有一道红墙，名叫"牺牲所"，那是从前养牛、羊、猪、鹿的地方。这些动物养肥了以后，就用来祭神。因为祭天是一项隆重的典礼，所以使用的牛羊都不能到外面去买，得事先养在牺牲所里面。牺牲所正中间的大殿里，供奉着"牺牲大神"。

天坛的中央是祈年殿、皇穹宇和圜丘台；西边则是斋宫。斋宫四围环绕着水池，好像一座孤岛，又像是一座水城。它以三道石桥与外界相通，里面是五间正殿，两旁各有三间配殿，皇帝祭天的前一天晚上，就斋戒沐浴而且住在斋宫里面。

到冬至祭天时，则在天坛内的祈年殿举行。祈年殿的殿基是四方形的，分三层，每层都围着白玉石栏杆。殿的本身则是圆形的三层宝塔，殿的四周有十二根三抱粗的大柱，正中是四根金莲柱，象征着十二个月和四季。远远望去，天青色的琉璃瓦，镶着巨型的金顶和红珊瑚一样的窗户，衬托在雪白的高台上，真是壮观华丽。

祈年殿的南边，是一所一层的圆形建筑，叫作"皇穹宇"。天坛最南边则是"圜丘台"，圜丘台也是圆形的，分三层，每层九级，周围也围着白玉石栏杆。

由于中国人相信"天圆地方"，所以天坛里的建筑都是圆形的，殿基则是四方形的，这儿就是明清历朝皇帝每年冬至祭天之所在。

饮食娱乐

北方谚语："冬至馄饨夏至面"。认为冬天冷，耗热量多，应该多吃有营养的食品。馄饨就是冬令食品之一，有些地方也吃饺子。据说有两种解释：一种认为是纪念药王张仲景，主要流行于黄河中游地区；另一种是吃了馄饨

美味的馄饨

能防止冻掉耳朵，因为耳似馄饨，后者又有补养作用。朝鲜族在冬至日必须吃冬至粥。粥由大米、小豆制成，加入糯米面包（汤圆状）。汉族、朝鲜族在冬至节还喜吃狗肉，认为这是"大补"食品。大江南北，黄河两岸，都喜欢在冬至前后腌制酸菜，这是一种贮存食品的方法，供春节和开春后食用。

福建有冬至搓丸之俗。《中华全国风俗志》下篇卷五："前数日，用糯米磨粉置日中晒之，俟冬至前晚，备烛一盒，橘十枚，橘上各插一纸花，箸一双，蒜二株，陈列盘中置桌上。然后将糯米粉（俗呼为粞）用开水调成糊。合家老幼，用楪制成银锭银圆荸荠等形。当初做时，必先搓小丸，俗称'搓丸'。冬至早晨，将所制糯米食品，用红糖拌匀，祀神祭祖先后，合家分食。"

苏州在冬至前夕，要过"冬至夜"，全家吃"团圆饭"，家庭有出门者，也给他留一碗一双筷子。饭前要祭祀祖先。富人家的"团圆饭"十分丰盛，有全鸡、全鸭、大青鱼、红焖蹄髈等。各种菜均有特定的名称。如黄豆饭为"元宝饭"，鸡蛋为"元宝"，肉团为"团圆"，线粉为"金连条"，鸡为"扑扑腾"，鱼为"吃有余"，黄豆菜为"如意菜"，青菜为"安乐菜"，等等。此外，还饮"冬至酒"。"冬至酒"是由酒和糖制作的，老少均可饮用。上述丰盛、复杂的节日饮食，可能与昔日以冬至为岁首有关。

冬至节的娱乐也有一定特点，因为冬至前后正是冬天，又为农闲，在北方多从事冰上和雪上游戏，如堆雪狮、雪人、雪山、雪灯、打雪仗、溜冰、爬犁等。清代著名的《冰戏图》就集中表现了冰上游戏。

妇女在过冬至节要给舅姑送布鞋，《中华古今注》："汉有绣鸳鸯履，昭帝令冬至日上舅姑。"至今在中原地区还有这种风俗。

江南还有一种饮食占卜游戏。一种是把米圆放在竹筛内，每次取两个，最后看剩几个：如果剩一个米圆必然生子，剩两个米圆则要生女。另一种是把"冬节圆"就着火烤，如汤圆胀而不裂宜生男孩，如汤圆胀而裂开则为生女之兆。由此看出，人们将汤圆作为人的象征，并且通过占卜方法，祈求生育。

知识链接

冬至吃饺子不冻耳

　　相传冬至吃饺子与东汉末年著名医学家张仲景有关。张仲景出生在没落的官僚家庭。其父亲张宗汉是个读书人，在朝廷做官。由于家庭的特殊条件，他从小就有机会接触到许多典籍。他勤奋好学，并且酷爱医学。东汉末年，连年混战，"民弃农业"，都市田庄多成荒野，人民颠沛流离，饥寒困顿。各地连续暴发瘟疫，于是，他发愤研究医学，立志做个能解脱人民疾苦的医生。后来，张仲景果真成了良医，被人称为"医中之圣，方中之祖"。相传张仲景老年还乡时，正逢大雪纷飞的冬天，街头很多因战乱流离失所的百姓，食不果腹，衣不遮体，不少人耳朵都被冻烂了。张仲景看到这个情况，于心不忍，于是令人在南阳关东边搭起了一个医棚，让弟子用羊肉、辣椒和一些驱寒药材做馅，然后包成饺子，施舍给百姓。这顿饺子把不少乡亲的冻耳朵给治好了。此后，每逢冬至进九，大家都纷纷争食饺子，有谚语曰"冬至的饺子不冻耳"。

九九歌与消寒图

　　农村里的孩子们大多有一个幸福的童年，温馨的摇篮，那摇篮就是母亲的怀抱。在那温馨的摇篮里，孩子们听过各种各样的歌谣。每当冬季来临时，慈爱而灵慧的母亲们又吟出了这样的歌：

　　　　一九二九不出手，三九四九冰上走，

　　　　五九六九沿河看柳，七九冰开，

　　　　八九雁来，九九加一九，

　　　　耕牛遍地走。

　　这歌，便是几乎流传于我国各地的九九歌。

　　九九歌也叫九九词，全称应是"九九消寒歌"。按照我国传统的历法计算，从冬至次日开始数起，每九天为一个时段，这个时段便是与夏季的"伏"相对的"九"；共有九个时段，第一个九天叫一九，其后依次称二九、三九、……九九，合称"九九"，与"三伏"相对。整个冬季中，这九九八十一天气候较冷，此期过后，天气回暖，大地将春。在这较冷的"最难将息"时节，人们以九数之，屈指度日，因此叫"数九"；这一段的天气也相应地称"数九天"。屈指数日的人们比较闲暇，于是通过对天气寒暖、物候以及人事物事的观察，联缀了九九歌，广泛流传，以此数九消寒。

九九消寒歌在全国大部分地区都有流传，尤以北方为多。北方冬季严寒，所以九九消寒歌不仅名实相符，并且也有实际存在的意义。由于各地气候寒暖不一，人们创作时着眼点各有差异，所以各地的九九歌也就有些区别。这里南北对举两首，以见异同：

河北：

一九二九不出手；

三九四九缘凌走；

五九半，凌碴散；

春打六九头，脱袄换个牛；

七九六十三，行人把衣宽；

八九不犁地，只待三五日；

九九杨花开，以后九不来。

浙江：

一九二九，相呼不出手；

三九二十七，篱头吹觱篥；

四九三十六，夜宿如露宿；

五九四十五，穷汉街头舞；

不要舞、不要舞，还有春寒四十五；

六九五十四，苍蝇躲层枋；

七九六十三，布衲两肩摊；

八九七十二，猪狗躺淘地；

九九八十一，穷汉受罪毕；

刚要伸懒腰，蚊虫虼蚤出。

和九九消寒歌同出一辙的消寒风俗是九九消寒图。比起九九歌来，消寒图的出现比较晚些。它的作用有三个：一是记载数九以后的天气，如阴晴风雪等；二是与此相应的是占卜来年丰收；三是最能讲得过去的消寒。

消寒图的形式很多。简单的是画纵横九栏格子，每格中间再画（钱）形，共得八十一钱，每天涂一钱，涂法是"七阴下晴、左风右雨雪当中"，民间歌谣谓："上阴下晴雪当中，左风右雨要分清，九九八十一全点尽，春回大地草青青。"或者选择九个九画的字联成一句，放在格中，也是日涂一笔。一般选用的九画字联句有"庭（亭）前垂柳珍重待春风"。除以上的两种以外，更有一种"雅图"，是画素梅一枝，梅花瓣共计八十一，每天染一瓣，都染完以后，九九尽，春天临。更有韵致的是，妇女晓妆染梅。明人杨允浮《滦京杂咏一百首》咏及此俗，其自注云："冬至后，贴梅花一枝于窗间，佳人晓妆，以胭脂日图一圈，八十一圈既足，变作杏花，即暖回矣。"这种设计，可谓独出机杼，由梅而杏、由冬而春，季节的变换又与佳人晓妆的胭脂联系，真让人叫绝。无怪乎杨氏诗以咏之：

试数窗间九九图，余寒消尽暖初回。

梅花点遍无余白，看到今朝是杏株。

有的消寒图还有其他"附件"：有的是联语，即在图旁标出有关的联句，诸如"试看图中梅黑黑，自然门外草青青"；有的是在图上印上九九消寒歌词；此外还有绘图，印俏皮话的。

第二节
过了腊八就是年

腊日与驱傩习俗

"腊"是古代颇有声势的岁终大祭，起源于上古三代，据文献记载，这带有原始宗教意味的祭礼，在三代各有不同的称谓："夏曰嘉平，殷曰清祀，周曰大蜡"。从《礼记》的文字里，我们可以知晓当时腊祭的盛况，腊祭在周代以祭祀自然神灵、先祖、五祀等为主要内容，整个祭仪伴随着民众的娱乐狂欢，《周礼·春官》云："凡祭蜡，则吹豳颂，击土鼓，以息老物。"

农耕时代的祭祀，有着现代祭丰年的古意。朝野都很看重腊日祭祀，不论是神圣的严肃祀礼，还是纵情的举国狂欢，其最本质的终极意义全部来源于民众对旧岁神明庇佑的感谢，及来年丰登的祈求。后世的人们正是不折不扣地传承着天地新旧过渡的感恩之情。

腊祭中还有击鼓驱疫的仪式，驱傩的风俗自先秦以来就开始流行，到东汉时期愈演愈烈，并且以新的传说给岁月驱傩的必要性加上注脚，传说帝颛顼有三个儿子，夭亡后变成鬼，一个成为瘟鬼，一个成为魑魅，还有一个专门吓唬儿童。颛顼最早是主管冬季的天帝，汉时却演变为恶鬼之父，天界如人界一样有善有恶，人们也可根据自己的力量来驱逐、抑制邪恶。驱傩的仪式一般在腊日前一夜举行，将房屋内的疫鬼驱除后，在门上贴上神荼、郁垒二神画像。汉人另有一种防鬼巫术，是岁暮腊日在住宅四角埋上圆石及七枚桃核，这样则无鬼疫侵袭。

鼓是腊前驱傩与腊祭中的特殊法器。汉魏岁时节日用鼓主要在社、腊两日，社、腊二祭是原始宗教最具感召力的群体行为，社鼓和腊鼓作为冬春的神鼓，既能与万物神灵对话，又能"鼓舞"人心（古人在驱傩时做舞蹈状，又鼓又舞，于是"鼓舞"一词说明了鼓神之威力）。撼天动地的神威，"鼓以动众""鼓鸣则起"，是汉人对鼓乐音律的认识。古人解释"傩"的功能是"驱尽阴气为阳导也"。因为在古人的阴阳观念中，以阳为正，以阴为邪，傩神就是太阳鸟，是光明的象征，代表的当然是人间的正气，故用傩祭来驱逐阴气（邪气）。时值冬末，阴气扰乱，有害来年新色，因此以震撼天地的腊鼓发泄民众在漫长严冬郁闷的心情。而巫傩的助禳和拟神，无不振奋人心。古人的傩具都模仿了传说中的神灵鬼怪，演绎阴阳两界世态。

直到今天，在南方一些地区，巫傩文化还保留着远古的气息。

佛教传入中国后，许多传统节庆受到佛教影响，"腊"就是其中之一，因为释迦牟尼得道成佛于十二月初八，"腊"就被选定在这一日。宋朝时的习俗，在这一天也有四月初八一样的浴佛礼仪。

随着世时变迁，"腊祭"的鼓神和傩神渐渐撤到边远乡村，而腊日的节俗越来越趋于讲究家祭祖德，也不十分热闹，静静地做些摆设而已，更多地是准备年节食品。宋朝传下来的腊月斋以五味粥斋僧的礼俗逐渐演变为吃腊八粥。

所谓七宝五味究竟是什么也已经无从考证，民间以为腊八粥就是用八种不同的果子煮熬而成的粥。由于中国地域广阔，各地物产不同，腊八粥选用的配料当然不同。中国南方地区

腊八粥

也称"八宝粥"，里面包括有糯米、花生及赤豆等八种食物。中国北方在腊日将蒜头浸在醋中做腊八醋、腊八蒜。年关将近，包括腌制腊味在内，这些都是年节必须的佳肴，有人把腊月十八、二十八，都作为"腊八"。随着社会的发展变化，腊祭渐渐失去了舞台。

腊八粥

腊月初八古称"腊日"，是古代年终祭祀诸神的日子。每年过腊八节，人们必想到要吃腊八粥，这是该节的重要活动，也是特有的节日饮食文化。腊八粥，又名七宝五味粥，是以桃仁、松子、栗子、柿子、红豆、糯米等做成。由于是佛教的施斋供品，又称"佛粥"。传说释迦牟尼成道以前，苦苦修行，经常挨饿，有时濒临死亡，幸而得一位牧羊女以大米奶粥挽救，才免于饿死。获救的释迦牟尼，苦心钻研，奉信佛法，修道成佛，佛门弟子为了纪念此事，就在腊八成道节施粥扬义，宣扬佛法。

腊八粥不仅是礼佛供品，是民间小吃食品，也是腊八节的重要礼品。《天咫偶闻》卷十："都门风土，例于腊八日，人家杂煮豆米为粥，其果实如榛、栗、菱、芡之类，矜奇斗胜，有多至数十种，皆渍染朱碧色，糖霜亦如之。钉饾盘内，闺中人或以枣泥堆作寿星、八仙之类，交相馈遗。"各个佛寺还在腊八为宫廷、官府送粥相贺。光绪《顺天府志·岁时》："腊八粥，一名八宝粥。每岁腊月八日，雍和宫熬粥，定制，派大臣监视，盖供膳上焉。其粥用糯米杂果品和糖而熬，民间每家煮之或相馈遗。"此外，在某些地方也有喂家

畜腊八粥的，如旧时北京，也给猫犬鸡雏饲以腊八粥的。

腊月是严寒季节，对贫穷者是一个威胁。因此多在腊八节济贫。一般有三种形式：官府、寺院、百姓济贫。《东京梦华录》卷十："十二月……诸大寺作浴佛会，并送七宝五味粥与门徒，谓之'腊八粥'。"山东民间有一个传说，唐王到河南视察，碰到一群穷鬼，祈求施舍，唐王身无分文，从当地财主家借些碎银，分给穷鬼。后来民间就将腊八作为济贫日。当天有乞丐上门，必须以粥相送。山东邹县还把各户的腊八粥集中到庙内，统一"施饭"。

从上述事实看出，腊八粥是重要的节日食品，有关风俗涉及了广泛的社会生活，诗人也多颂腊八粥。李福所作《腊八粥诗》曰：

腊月八日粥，传自梵王国；

七宝美调和，五味香掺入。

用以供伊蒲，藉之作功德，

僧尼多好事，踵事增华饰。

此风未汰除，欢岁尚沿袭，

今晨或馈遗，啜之不能食。

吾家住城南，饥民两寺集。

男女叫号喧，老少往衢塞。

失足命须臾，当风肤迸裂。

怯者蒙面走，一路吞声泣。

问尔泣何为，答言我无得。

此景观见之，令我心恻恻。

荒政有十二，鸠赈最下策。

悭囊未易破，胥吏弊何极

所以经费难，安能按户给？

吾佛好施舍，君子贵周急。

愿言借粟多，苍生免菜色。

此志虚莫尝，嗟叹复何益。

安得布地金，凭仗大慈力。

睠焉对是粥，跂望蒸民粒。

这首诗对腊八粥的来源、做法、佛寺施粥、民间疾苦、荒政之弊，都作了深刻的描述，是对腊八节的生动特写。

腊八是冬藏季节，农产品，尤其是食物都要用各种方法贮存起来，以便年终使用。为此就要进行食品加工，这里侧重提及的是腊八腌菜。

一种是腌腊八蒜。腊八蒜，又名腊八醋。腊日多以小坛甂贮醋，将蒜浸泡，封口。正月初间取食之。至今在我国各地还盛行在腊八腌蒜，认为这种腌泡食品有御寒祛疫之效，可预防感冒。

腌酸菜

另一种是腌酸菜。在华北、东北地区多有之。腌制白菜，既是制作副食的方法，又是贮白菜过冬的方式之一。同时，人们也以腌白菜预卜该家的兴衰前途。云南有的地方则以泉水腌菜。《中华全国风俗志》下篇卷八云南："腾越某处有一大池，曰龙池。该处人民，于阴历腊月初八日必须腌菜，名曰'腌腊'。而酶腊必须至龙池汲水，大家互相争抢腊，是日所制之腌菜经久不坏，能留至数年之久也。"

在陕西地区过腊八必须用八种菜做"腊八臊子面"，让多人品尝，该面是一种热汤面，加入八种菜，是腊八必食之品。潼关、临潼则吃"腊八辣椒汤面"，也是一种热汤面，但放辣椒较多。

有些地区还在腊八煮酒，并饮之，俗称"腊八酒"。

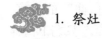 祭灶扫舍迎玉皇

1. 祭灶

祭灶的时间各地不一，一般而言，北方人是腊月二十三日，南方人是腊月二十四日（据清人于敏中《日下旧闻考》所载）。此外又有"官三、民四、蛋家五"的说法，也就是官府在腊月二十三日、一般民家在二十四日、水上人家则为二十五日举行祭灶。

祭灶是一件古老的习俗，《论语》中有"与其媚于奥，宁媚于灶"的话，

《抱朴子》也说："孟夏可以祀灶"，可见远古已有灶神和祭灶之举，只不过当时是在夏天举行。一直到了后汉，阴子方于腊日晨炊时，见灶神现形；子方再拜受庆，家有黄羊（犬）因以祀之，自后累世繁昌暴富；而在冬天祭祀灶神也就相沿而成定俗了。

灶神是谁？人们为何要祭灶？唐人段成式《酉阳杂俎》卷十四载："灶神名隗，状如美女。又姓张，名单，字子郭。夫人字卿忌，有六女皆名察洽，常以月晦日上天，白人罪状，大者夺纪，纪三百日，小者夺算，算一百日，故为天帝督使，下为地精。"因为家家有个天帝派来专司监察的"特务"，人们当然又敬又畏的祭祀他，希望他上天对玉皇大帝多多美言几句了。在东北吉林省永吉一带有一首民谣"祭灶"说：

灶王老爷本姓张，今天是腊月二十三，骑着马、挎着筐，秫秸草料备停当；送您老人家上西天，人间好事要多说，明年下界降吉祥。

可见由唐朝到近代，有关灶神的传说并没有多大改变。

祭灶的东西各地不一，有的富家用蒸熟的猪头、两条鲜鱼、豆沙、粉饵等祭品；一般多用糯米甜糍，让灶神塞着喉咙、甜住嘴巴，不能给天帝打小报告。穷的只有以清水一碗来祭灶了，像流传于热河省滦平一带的一首民谣《小子苦》所说的："灶王爷，本姓张，一碗凉水三炷香；今年小子混得苦，明年再吃关东糖。"关东糖是北方祭灶常用的糖果。

由于灶王长得像个小白脸，所以北京人有"男不拜月、女不祭灶"的习俗，以防"男女之嫌"。有些人家是灶王爷、灶王奶奶合供，但也有些地方，像切面铺、火烧（烧饼）铺、油盐店等，是只供灶王爷不供灶王奶奶的。

在大寺小庙里都没有灶神的份，更没有单独建殿供灶王的；可是在民间，家家户户都祭奉灶神。原来灶神是属于家堂神之一。在远古每家一共都有五位家堂神：门神、井神、厕神、中雷神和灶神，负责维护其家人之安全和幸福，不准闲神野鬼来骚扰，称为"五祀"，这是古代"泛灵信仰"的遗痕。后来或许是部分家堂神有亏职守，人们对他们也渐渐冷淡，至今只剩下门神和灶神还有人祭祀而已，其他的三位神早被人淡忘了。灶神在二十三、廿四日祭拜，门神较简单，只到岁暮换贴一张门神年画而已。

送灶神上天后，灶神在除夕时回家，家家又在除夕焚香楮"接灶"——贴上一张新的木刻版印的灶神像。再忙灶神的事，可就得等明年腊月了。

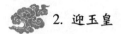 **2. 迎玉皇**

如果说灶神在腊月二十三或二十四日向玉皇述职，报告民间善恶，那么过了两天，即腊月二十五日，玉皇就要根据掌握的情况，从天而降，视察人间善恶，进行表彰和惩处，人们为了取悦玉皇，又有迎玉皇之举。

民间信仰认为，玉皇下凡，人世必须安宁，人们都不能吵架、骂人，也不能懈怠，而要好好劳动，彼此相安，否则会受到玉皇的惩处。这是腊月二十五日的重要禁忌。但是并不是玉皇一神下凡，还有三清神一起下凡，巡察人间，预定祸福。所谓三清，就是元始天尊、太上道君、太上老君。还有日巡神、月巡神、灶神、城隍等，都陪同玉皇下凡视察人间善恶、疾苦。

玉皇是我国民间信仰中的最高之神。民谚有云："天上有玉皇，地上有皇帝。"不过，我国最初是信仰天帝，后来把天帝人格化，演变成玉皇。所以玉皇是较晚的神，首见于《真灵位业图》玉清三元宫右位第十一位："玉皇道君，玉清右位第十九，高上玉帝"。说明玉皇只是玉清境元始天尊的下属。唐代以后，玉皇才普及开来。《云笈七签》卷三引《道教本始部》称太上老君为玉帝，又称天尊有十号，第九号为玉帝。说明当时崇拜玉皇之风崛起。宋代进一步尊崇道教，把民间信仰的玉皇列为国家祭典。宋徽宗把玉皇与吴天上帝合为一体，尊号为"吴天玉皇上帝"。道教竭力提高玉皇的地位。于是民间把玉皇奉为天上最高的神，总管三界十方，是鬼神世界的皇帝。

民间祭祀玉皇有两个日期：一是正月初九，为玉皇圣诞；二是腊月二十五日，为玉皇下凡巡视人间的日期，因而才在腊月二十五日迎玉皇，做"口数粥"。《梦粱录》卷六："二十五日，士庶家煮赤豆粥祀食神，名曰'人口粥'。有猫狗者，亦与焉，不知出于何典。"说明这种粥是祭神供品，但是人们吃了也有驱疫之效。因此以门计数煮粥，名曰"口数粥"。其实这种粥是红豆粥，来源已久。《齐民要术》卷二引《杂阴阳书》："正月七日，七月七日，男吞赤小豆七颗，女吞十四枚，竟年无病，令疫不相染。"《荆楚岁时记》五三页："共工氏有不才子，以冬至日死，为人厉，畏赤小豆。故作粥以禳之。"由此看出，赤小豆粥具有驱疫的作用，本来是正月七、七月七、冬至节的饮食，后来成为道教移至腊月二十三祭灶和"接玉皇"节日中的饮食习惯。

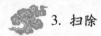
3. 扫除

从腊八起，人们就开始扫除，直到腊月二十三日前后才扫除完毕。扫除又称"扫房""扫埃尘"。《清嘉录》卷十二："腊将残，择宪书宜扫舍宇日，去庭户尘秽。或有在二十三日、二十四日及二十七日者，俗称'扫埃尘'。"看来扫除必选吉日良辰，防止与鬼碰上。

为什么要在腊月扫除呢？民间认为鬼神到了腊月也有归天的，也有入地的，一旦他们离开人间，人们就要从身上到屋里，翻箱倒柜，彻底打扫一下，否则有尘埃，就有鬼生存之所。除夕来临，也要打扫一下，尤其是腊月农闲，也为打扫卫生提供了充足的时间。

扫除必须根据历书，选择吉日良辰。扫除的范围有：一是清扫庭院，刷新门窗，修理房屋；二是打扫室内，包括门、窗、床、家具等；三是把旧春联取下来，旧剪纸也撕下来，换贴上新的。此外是个人卫生，洗衣、沐浴等，谚语说："有钱没钱，洗洗过年。"

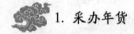 **办年货行冬藏**

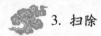
1. 采办年货

一入腊月，街头卷尾堆积如山的年货，让人们更能感染到年丰岁稔的欢乐气氛。

过了腊八，各家首先忙着准备敬神祭祖的供品，于是纸马香烛铺就忙碌起来了，人们争着订购香斗、子午香来祭天，大双包、小双包（均为香名）来敬神，藏香、檀香、芸香来祭祖，还要在香蜡铺"请"好全份神杩儿。到了除夕时，天地桌要排五碗蜜供，一堂"平安吉庆"（苹果、橘子之类）；祖宗龛前不供蜜供，要换上龙眼、荔枝、红枣、板栗、莲子等五色干果。每一盘供品都要插上供花，另外还得有一盘桂花金银年糕，一棵"松柏长青"的松树，树上挂满了金银小钱小元宝，树根用蒸熟的糯米饭铺平，上面布满了染色的花生、莲子、红枣等，称为"摇钱树""聚宝盆"。这些虽是除夕时的摆饰，可要事先在腊月里准备好所有的材料。《东京梦华录》卷十"十二月"

条里，提到北宋时汴京腊月市面热闹的情形说："近岁节，市井皆印卖门神、钟馗、桃板、桃符，及财门钝驴、回头鹿马、天行帖子。卖干茄瓠、马牙菜、胶牙饧之类，以备除夜之用。"真是充满了一片欢乐的景象。这种情形到了后世仍无多少改变，一入腊月，街头就出现卖年画、剪纸的小贩了。

置办年货

　　此外，在《清嘉录》卷十二"年市"条里，也记载了清朝时苏州腊月里的街景："年夜以来，市肆贩置南北杂货，备居民岁晚人事之需，俗称'六十日头店'。熟食铺、豚蹄鸡鸭，较常货买有加，纸马香烛铺预印路头财马、纸糊元宝缎匹、多浇巨蜡、束名香。街坊吟卖箕镫镫草、挂锭灶牌灶帘，及筆瓢箕帚竹筐、瓷器缶器、鲜鱼果蔬诸品不绝。锻磨磨刀杀鸡诸色工人，亦应时而出，喧于城市。酒肆药铺，各以酒糟、苍术、辟瘟丹之属，馈于主顾家，总谓之'年市'。"真是让人觉得就要过年了。

2. 做腊肉年糕香肠

　　另一个充满了过年气氛的事情，就是家家忙着做腊肉、年糕和香肠了。

　　在古代农业社会里，香肠腊肉和年糕大多是家家自己动手做，不像今天都到店里买现成的。像腊肉，是从猪肉摊子买回整块的猪肉，把盐和花椒炒黄炒香，放冷后，抹在切成长条状的猪肉上（猪肉不能用水洗）。抹遍了放在坛子里，腌个十天八天的，等味进了肉里面，再拿出来给太阳晒、给冷风吹——可不能让雨水打着，这样容易生蛆的。晒干吹干后还可以用烧稻壳的烟来熏它，这就是咸肉和腊肉了。

　　灌香肠比较麻烦，要把猪肉切成指头般大小的条状，边切边去掉肉里的筋和骨。然后加入高粱酒、酱油、盐、糖、五香粉、辣椒粉等作料拌匀，再灌入洗净的猪肠里（也可以买现成风干的猪肠回来泡水备用），用细绳扎成一节一节的，每节用绣花针扎十来个小孔透气，再拿出去挂在竹竿上晾晒，等香肠变干变硬，就是引人垂涎的腊肠了。

做年糕则是把糯米磨成浆，去水抟揉成块，加入糖、桂圆、红豆等物置锅中以火蒸 10 个小时而成；也可以加入肉丁做成的年糕，或不加任何东西做成白年糕。年糕也有圆形、方形等形状变化。据清人顾铁卿在《清嘉录》卷十二"年糕"条里说："黍粉和糖为糕，曰年糕；有黄白之别。大径尺，而形方，俗称'方头糕'，为元宝式者曰'糕元宝'，黄白磊石可，俱以备年夜祀神、岁朝供先及馈贻亲朋之需；其赏赉仆婢者，则形狭而长，俗称'条头糕'，称阔者曰'条半糕'。富家或雇工至家，磨粉自蒸，若就简之家，皆买诸市。春前一二十日，糕肆门市如云。"

知识链接

腊肉的字说

每到岁末，家家户户门口或者阳台上都会挂满一提提的腊肉，香味自然是处处都能闻得到。相信很多人对腊肉并不陌生，也很喜欢吃腊肉，但却不知，这其中还有说头呢？

腊肉中的"腊"，其实不是人们常读的"là"，而应该读作"xī"。腊肉并非因为在腊月所制，而为腊肉，腊月的腊（là）与腊肉的腊（xī）在古文里并非同一个字，也就是说腊月的腊是繁体的腊，即"臘"，而腊肉的腊本来就是腊月的"臘"的简化字。所以，腊肉之所以称为腊肉，至于为什么现在人们都读 là，而不读 xī，除了简化字的原因使两个字没有了区别以外，可能确实与腊肉一般都在腊月里制作以待年夜饭之用有关。

第三节
阖家团圆辞旧岁

除夕说 "年"

伴随着年节歌的节律，人们忙忙碌碌地来到了年的脚下。对于无论传统社会还是现代社会的中国人来说，年是那样地神圣、那样地色彩斑斓。然而，年是什么？民俗世界的年节礼俗活动给人的答案是：年是一个沉甸甸的谷穗，年是一只怪兽；年是祖先的供品，年是神灵的享馔；年是姑娘的花、小子的炮，年是老婆婆的年糕、老头子的毡帽；年是乡里人的土仪、城里人的馈赠，年是家庭的团圆饭、社会的贺节酒；年是俗信：有钱没钱，剃头过年；年是熟语：叫花子也有三天年；年是水仙；年是迎春……

就汉字的 "年" 而言，它是谷穗沉沉下垂的形象，是收获的象征，所谓 "五谷熟曰年"。《尔雅·释天》中的《疏》曰："年者，禾熟之名，每岁一熟，故以为岁名。"

在民俗信仰中，年不是植物，而是动物。相传年是一只怪兽，一年四季都在深海里，只有除夕才爬上岸来。它一上岸，所到之处便是洪水泛滥，人们只好搬到高山上去避难。有一年除夕，正当人们奔走避难的时候，却来了一个乞讨的老头，执意要留在村里，说是要赶跑怪物。这 "年" 来到村里，见有一户人家门口贴着红纸，院子里灯火通明，屋里一个穿红袍的老头手拿两把菜刀剁个不停，发出雷鸣般的声音。"年" 见此情景，掉头便逃回了海里——原来它最怕红色和刀砧之声。后来，人们为了不再受 "年" 的侵扰，便在除夕贴出对联、张挂彩灯、穿花红柳绿的新衣，还要剁饺子馅、包饺子，晚上还要拢旺火、烧柴火。

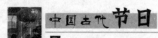
丰收是人们所关心的，怪兽年则早被惊天动地的爆竹、光照天地的旺火和火红的春联、威武的门神吓得逃回海里再也没有出来。对人们来说，年是更实在的姑娘的花、小子的炮、老婆婆的毡帽、老头子的年糕。这样的年货，无疑就是年的缩影。在孩子们的记忆中，年就是新衣、风车、花炮、压岁钱、红头绳，以及各种各样的游戏。他们正是在这些节物和游戏中度过天真烂漫的童年。孩子们的人生之剧，似乎就是这样开演的。大人们也不例外，只是感受不同而已。与不识愁滋味的少年来比，他们多了些沉重、不安与急迫。但当此时节，也只有忙忙碌碌地投入。

今宵过去是新年。新年给人希望、朝气，让人亢奋也充实。因此，年又是除旧布新的七彩缤纷的画布、五彩斑斓的花。广东人用水仙，北方人摆迎春，其用意都在辞旧迎新。正是这种岁时更新的意义，牵扯、打动了亿万中国人的心。

称新春佳节叫"大年"，也不知流传了多少年、遍布多少地方。年大得你根本无法溜过去。不剃头、不回家？不行！于是"有钱没钱，剃头过年""有钱没钱，回家过年"。这既是民俗信仰，又是社会信念，人们不能不遵行。而那些讨债的，尽管坐在借方家里讨要时神情呆板，但只要接神的爆竹响起，他便要立即换了笑脸，拱手向主人拜年，并随即"打道回府"。年，积淀的历史和文化太多了。

在沉甸甸的年里，藏着对神明、祖先以及万物的感激，这感激变成了香火、肴馔以及虔敬的目光、谨慎的言行。沉甸甸的年里，更藏着亲情，这亲情变成了合家团坐共用的团圆饭、饷及褓褓中婴儿的人口粥。清人周宗泰的《姑苏竹枝词》之一写尽了年下的亲情：

> 妻孥一室话团圆，鱼肉瓜茄杂果盘。
>
> 下箸频频听谶语，家家家里合家欢。

团年饭、年夜酒飘溢的是亲情，而土仪、年节酒蕴含的则是友谊、邻谊、乡谊，等等。这年实在是太神秘了，因此有人总结说：中国人的年，有家庭的团聚，社会生活的和谐，以至对宇宙对于万事万物的感激……不仅仅是吃喝玩乐，还有种种工作上和生活上除旧布新的作为，以及敦亲睦族、社群公益、宗教祭典、全民康乐的活动。

春联与门神

1. 贴春联

春联亦叫"对联""对子""春帖"等，据记载，五代时就有人在桃符板上题写了。春联是中国人特有的文化之一，它彰显了中国文字的特色，也表达了中国人讨口彩、祈求吉祥如意的心态。

晚清人沈太侔在《春明采风志》里描述北京过年前卖春联的情形说："塾师学长，多卖对联者。预先贴报'书春墨庄''借纸学书''点染年华'等语，于铺肆前，高桌红毡、炭盆墨践，纵笔大书门联横披、抱柱斗方、春条佛对一切。大冻十天，未必剩钱。秀远峰、文兴斋之稍有名者，则纸多早送、入腊忙起。联纸旧用顺红、梅红、朱笺、擦油土笺、木红、万年红纸、内廷白宣镶边、庙宇黄纸。"

从前，如果某家遭遇丧事而未满三年的话，是不贴红联的；如果死者是男性就用青色联，女性则贴黄色联，所写的也是哀感之句，与一般家庭有所区别。近年来，这种区别已经少见了，丧家照样贴红联，谁也不以为怪。

春联起源于古代的桃符。由于鬼怕桃木，所以古人以桃木制成两块木板，左边一块绘门神神荼的像，右边一块绘门神郁垒的像，两位大神是管理天下众鬼的"鬼王"。过新年时，把桃符放在大门两边辟邪。

由桃符演变成春联，据说是在五代时候。五代十国中的蜀国后主孟昶在公元 964 年的除夕，令学士辛寅逊在桃符版上写两句吉语献岁，他不中意辛学士的作品，就自己提笔写"新年纳余庆，嘉节号长春"。这是我国最早的一副春联。

据说春联真正普及民间，而成为年俗之一，是明代以后的事。在陈云瞻的《簪云楼杂记》上记载明太祖朱元璋定都金陵时，有一年的除夕前日，忽然心血来潮，命令公卿士庶的门上一定要贴出春联，表示一番新气象。第二天太祖微服出巡，在城内看各家的对联，以为娱乐。

欢欢喜喜贴春联

在巡游了一段路后，他偶然发现有一家没贴春联，便遣侍从去查问究竟。原来那家主人是阉猪的，既不识字，也不会写，正忙着工作，尚未请人代笔。太祖听后，立即叫侍从取来文房四宝，当场挥毫道"双手劈开生死路，一刀割断是非根。"信手拈来，语气不凡。侍从捧着对联，交给阉猪人家才离去。后来那家主人获悉是皇上御笔亲制的对联，便裱起来，挂在中堂视为家宝，每日烧香敬奉。

从前，春联大多是自己写，这样更可贴切心意，但现代人多半不会对句，也不会写毛笔字，便只有买几副现成的来张贴了。春联一般人家最常用"爆竹一声除旧岁，桃符万户迎新年""天增岁月人增寿，春满乾坤福满门"等等，商店则贴"财源茂盛达三江，生意兴隆通四海""门迎春夏秋冬福，户纳东西南北财"。此外，在门楣上贴个"春"字、"福"字，或在门楣上贴鲜红鲜黄的、充满吉祥意味的"挂钱"（也称作"挂千"），或用松柏枝插于瓶中，缀以元宝、古钱、石榴花，称为"摇钱树"，或在客厅插一盆水仙、山茶花，把家里内外点缀得春意盎然、喜气洋洋。

知识链接

"福"字倒贴

如今过年时节，家家户户都要贴上大红的"福"字，以祈求来年的兴旺顺达。"福"却常常会被倒贴，很多年轻人都不懂，问及老人，老人通常会说："福到家来"。"福"字倒贴有什么典故么？

相传这种习俗源于清代的恭亲王府。有一年春节，管家叫人把"福"字贴在大门上，可是那人不识字把福字贴倒了。恭亲王知道后很生气，不过管家能言善辩，赶忙跪着说："奴才常听人说恭亲王寿高福大，如今福真的到（倒）了，乃吉庆之兆。"恭亲王听了一想，很有道理，随即转怒为喜，还赏给管家和贴春联的人银子。后来王府过春节都倒贴"福"字。慢慢传开，每家每户也都倒贴"福"字了。

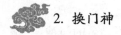 **2. 换门神**

门神的信仰还因为神鬼，《礼记》曲礼篇上便有"春祀户祭"的记载，当时的"五祀"之中，也包括了门神在内。这是一种泛灵信仰的表现，以为万事万物都有神灵，需要对之膜拜而祈福禳灾。

汉朝以后，门神的性质有了变化，人们在门扉上绘神像驱鬼，门神不再只是抽象的、无名的神了。据清人恽敬大《云山房杂记》考证，最早的门神是古代的勇士成庆。西汉广川王生病时，便要画工在殿门上画短衣大裤、手执长剑的成庆像以驱邪逐鬼（见清人俞樾《茶香室续钞》卷十九）。后来也有人画刺杀秦王的荆轲像。到了南北朝时改为神荼、郁垒二神。

据梁人宗懔的《荆楚岁时记》所载，东海边有座度朔山，山上桃木低枝，蟠曲三千里。东北方有鬼门，为万鬼出入之处；神荼郁垒二神便据门而守，凡遇恶鬼凶鬼时，便以苇索捆绑了拿去喂虎。因为鬼怕神荼、郁垒，民间便在门扉上画二位大神以驱邪了。唐朝时门神换人了，换成了唐太宗手下的两位大将秦叔宝、尉迟敬德。他们变成门神的故事很有趣。在明人吴承恩《西游记》第十回里，有一段神话说：泾河龙王因为和卜算如神的袁守诚打赌，而故意差了行雨时辰和落雨数量，因此罪犯天条，为人曹官魏征所斩。龙王事前曾向唐太宗求救，唐太宗便邀魏征来下棋。不料到了午时三刻，魏征忽然在棋桌上睡着了，唐太宗以为龙王可以借此得救，谁知魏征却在梦中斩下了龙头。从此龙王便向唐太宗索命，闹得鬼哭神号、御体违和，幸亏有秦叔宝和尉迟敬德全身披挂，把守宫门，才镇压住邪祟，后来唐太宗便要画工把二人之像绘在门上，以代真人守卫。这便是秦叔宝和尉迟敬德成为门神的经过。至今二人仍司门神，俗称"白脸儿""黑脸儿"，九江一带称之为"白将军""红将军"。

晚唐五代时，钟馗又加入了门神的行列，在北宋孟元老《东京梦华录》卷十里，便提到汴京城在腊月岁梢时，市面印卖门神、钟馗、桃版、桃符等物。以后历代皇帝在过年时，也往往令画工画钟馗像颁赐大臣，带回家去张挂。因为钟馗像是单幅，一般人家买回钟馗的木印版画后，大多把它挂在单扉的后门上，正门则挂双幅的秦叔宝、尉迟敬德或神荼、郁垒；因此钟馗也称为"后门将军"。一直到清朝乾隆年间，钟馗才被人从除夕挪到端午去逐

127

鬼；现在一般人只知道钟馗出现于端午之时，却不知他几百年来在除夕所扮演的角色。

宋人百岁寓翁在《枫窗小牍》里，提到北宋时另一位不知名的门神："靖康以前，汴中家户门神多番样戴虎头盔，而王公之门，至以浑金饰之。"门神成了大门的装饰品了。

后世民间除了武将的门神外，也有画朝服文官为门神的，称为"五福临门"或"纳福迎祥"。这是从消极的驱鬼逐祟变成积极的纳福迎祥。

除了大门、后门外，也有的人家在客厅或卧房张贴"福禄寿"三星或"五路财神""增福财神"，在仓库上贴"神农田祖"。大红大绿的年画，使家中充满了过年的气氛。

爆竹旺火驱妖魔

爆竹和春联一样，最初也是巫术的一种工具，作用也是驱辟妖魔鬼怪。最初的爆竹并不像现在的鞭炮，而是真正的竹子，即焚烧竹子，发出噼啪之声，惊吓鬼怪。据东方朔的《神异经》说：西方有个一尺来长的怪物，叫

春节的爆竹挂件

（魈）"山猄"，人要是冒犯了它，就会得寒热病。但这个怪物害怕声响，听见噼啪之声就逃走了，所以人们才把竹子扔在火中来惊吓它。《神异经》并没有谈爆竹和年节的关系。梁宗懔的《荆楚岁时记》则明确指出了这一点："正月一日……鸡鸣而起，先于庭前爆竹、燃草，以辟山臊恶鬼"。这里的焚烧竹子使其爆响，正是爆竹的原义，也叫爆竿。后世的爆竹是纸卷火药做成，点燃发声的，也叫爆仗、炮仗、鞭炮。据载三国时期就有爆仗存在，或用于军事活动，至隋炀帝则用于"杂戏"。但无论如何，唐宋时代这种爆竹已经广泛存在了，人们用爆竹之名一如明清人如用桃符之名。孟元老《东京梦华录·驾登宝津楼诸军百戏》云："驾登宝津

楼，诸军百戏呈于楼下……忽作一声如霹雳，谓之爆仗……烟火大起。"

爆竹发展到今天，其形制、种类、威力都远较历史大为进步了。而燃放爆竹的风气也似乎同步发展和达到了空前的境地。无论市镇还是乡村，每当除夜行交子时，噼噼啪啪的爆竹声便响了起来，响彻天宇，震耳欲聋。如果说人们慨叹国人未将火药用于军事而用于爆竹、叹之有理的话，那么，谁又能说今天邪了门儿的猛放鞭炮不值得慨叹呢？

还有旺火，在产煤区，那许是一堆煤炭；在林区，那许是一堆木材；在别的地方，那至少也是一堆柴草。但在除夕夜，或随灯光的闪现、或随鞭炮的燃放而燃烧起来，给城市平添几分温暖，在乡村则造就一年四季中少有的几个不夜天。明人高濂《四时幽赏录》谈及杭州此俗，大加叹赏，赞为"大奇观"：除夕，唯杭城居民家户架柴燔燎，火光烛天，挝鼓鸣金，放炮起火，谓之松盆……斯时，抱幽趣者登吴山高旷，就南北望之，红光万道，炎焰火云，街巷分歧，光为界隔，聒耳声喧，震腾远近，错落上下，此景是大奇观。

除夕于庭院中拢火燃烧之俗在江南塞北都是比较普遍的，北方一些地区把此举称作燎岁、燎星、烘岁、照新草、怄岁、怄祟等。这种习俗的起源也与民俗信仰有关，作用与桃符爆竹相同，所指的对象就是怪兽"年"或泛泛的山魈恶鬼。《荆楚岁时记》及其他典籍所载的燃草、庭燎就是此俗的先河。杭州的火堆叫松盆，北方一些地区则叫"塔火""棒槌火""旺火"。《大同县志》云："春节，家家凿炭伐薪，磊磊高起，状若小浮图，及时发之，名曰'旺火'"。这部方志所记时间有些矛盾，不知"春节"如何"及时"发之。《清源县志》所记则比较明确："春节，先期换桃符，五鼓，各家烧柴于门，俗名'旺火'"。所谓"先期"也就是除夕，"五鼓"则正是除夜接神的时候。

一般柴草很难拢出规整的形状，煤炭则不然。各家各户年年除夜都要垒旺火的。当天下午，人们在木架上放一口盛满土的铁锅，用土坯摆成灶门，选些易燃的木料劈成细细长长的劈材，选些纹路好的大煤块劈出薄薄俏俏的"砖"来，垒成小塔一样的旺火，并贴一个"旺火帖子"，上书"旺气冲天"。午夜时分，诸神即将下界，人们便点燃（俗称"发"）旺火以迎神。其实，现今年节的旺火不仅早失去了"燎祟"的作用，而且也不在意迎不迎神，它几乎成为单纯的营造节日氛围的道具。大概正因如此，除了除夕之外，人们也还在人庆、元宵拢旺火。有据为证："上元三日前后，各家聚石炭于门首，垒作幢塔状燃之，通明竟夜，名曰'旺火'。"

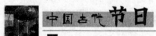

 **春节饮食**

中国古代春节饮食丰富多彩，《荆楚岁时记》的记述就是集中体现。南朝时荆楚春节拜贺毕，接着是进椒柏酒，饮桃汤，进屠苏酒、胶牙饧、五辛盘，进敷于散，服却鬼丸，各吃一个鸡蛋。其中有饮料、食品，还有药物，一应俱全，各有其特殊含义。

椒柏酒。椒是花椒，古人说椒是玉衡星之精，气味芳香，服之令人身轻耐老；柏是柏树叶，古人视为仙药，可免百病。椒、柏可分别浸制酒，也可一起放入酒中饮用。饮椒柏酒可去病长寿。古代诗歌中为我们留下了春节饮椒柏酒的记录。南朝庾信《正旦蒙赉酒》："正旦辟恶酒，新年长命杯。柏叶随铭至，椒花逐颂来。"描绘了春节朝贺受到赏赐椒柏酒的喜悦心情。饮椒柏酒在民间一直流传下来，明代山东历城、浙江嘉兴均有此俗。

桃汤。即取桃之叶、枝、茎三者煮沸而饮，古人以桃为五行之精，能厌伏邪气，制百鬼，故饮之。

屠苏酒。全家从小到大，依次稍许各喝一些，一年没有病。民间传说虽有神秘色彩，不过所列八味药材，其功效主要是清热、散风、健脾、除湿，可以说对身体有利无害。正月饮椒柏酒、屠苏酒，均以饮酒者年龄小大为序。

胶牙饧。胶牙的含义是"使其牢固不动"，实际上此俗寄托了长寿的美好愿望，因为牙齿坚固，能吃能喝，自然身体健康。不过胶牙饧在南宋以后作为送灶的供物，慢慢地从春节食品中消失了。

五辛盘。五辛菜是五种有辛味的菜，《荆楚岁时记》隋注说是大蒜、小蒜、韭菜、云台、胡荽。如《风土记》所说可活动五脏，是祈求健康的东西。《荆楚岁时记》注引《庄子》说："春日饮酒茹葱，以通五藏。"可见元日食辛菜的传统由来已久。

敷于散。是一种中药，药方出自葛洪《炼化篇》，用柏子仁、麻仁、细辛、干姜、附子等粉碎成末，用干净井水饮服。

春节时期每人吃一个鸡蛋的习俗，在吴晋间的《风土记》中已经出现。《风土记》说"正旦，当生吞鸡子一枚，谓之炼形"。炼形是道家用语，指修炼形体，认为可以成仙。生吃鸡蛋是为了长生不老。

宋代南北方流行一句叫作"冬（至）馄饨，年（节）馎饦"的谚语。北宋《岁时杂记》说："春节，京师人家多食索饼，所谓年馎饦，或此之类。"（《岁时广记》卷五引）索饼就是前代的长引。长引是说拉长的东西，索饼指像绳索一样细长的饼，两个名称讲的都是形状细长的食物。由上可知，宋代春节流行吃面条之类的食品。

流传至今的春节食品要数饺子和年糕了。

饺子。前身是"馄饨"。馄饨是指面食中带馅的食品。北齐人颜之推曾说："今之馄饨，形如偃月，天下通食也。"类似今天的饺子。明代《正字通》说："今俗饺饵，屑米面和饴为之，干湿大小不一，或谓之'粉角'。北人说角如矫，实即饺耳。唐人谓之'牢丸'。段成式《食品》有'汤中牢丸'，即今水饺子；其'笼上牢丸'即今蒸汤饺也。食毕出门拜年，由近及远，元午直到烧灯后。"据上所言唐牢丸近似饺子，而且有煮有蒸。宋代食品中出现角子一词，元代把饺子叫作"扁食"，可能出自蒙古语。明代的饺子如《正字通》所说，称饺饵、粉角、水饺子、蒸烫面饺。此外，还有水点心等叫法，清代北京旗人还把饺子称作"煮饽饽"。春节吃饺子兴盛于明清时期的北方。

年糕。又称黏黏糕，取年年高之意。在南方用糯米制成，北方则为黏黍。年糕的历史悠久，汉朝的米糕已有"稻饼""糕""饵""糍"等名称。6世纪食谱《食次》就有年糕"白茧糖"的制法，北朝《齐民要术》记载了将米磨成粉制糕的方法。春节吃年糕盛行于明清时代，尤以南方流行。明末《帝京景物略》卷二记载，正月春节，"夙兴盥激，吃枣糕，曰年年糕"。北方河北嘉靖时《威县志》说当地吃"蒸羊糕"。在南方，江浙的苏州、嘉定等地方志称"节糕"，明正德广东《琼台志》记载当地吃春糕："春节前以糯粉溅蔗糖或灰汁笼蒸春糕，围径尺许，厚五六寸，杂诸果品岁祀，递割为年茶，以相馈答。"其形制类似今天的生日蛋糕。清顾禄《清嘉录》卷十二记载更为详细，说将黍粉和糖为糕，叫作"年糕"。有黄色和白色之别。大的一尺见方为"方头糕"，还有像元宝的"糕元宝"，用于除夕供祖、亲戚朋友间的馈

色香味俱全的年糕

赠。此外，还有细长的"条头糕"、宽大的"条半糕"。过节时富家雇人制糕，一般人可在糕店购买。

初一到初五

在中国人的习俗里，元月是一年中最热闹而多彩多姿的时刻。从新年正月初一开始，一直到正月初五，人人无不兴高采烈地尽情找乐子。有一首台湾民谣《新年歌》形容这种欢度新春的情景说：初一早，初二巧，初三老鼠娶新娘；初四神落天，初五隔开。

正月初一

新年的序幕是由"开正"的仪式揭开的，所谓"开正"，也叫"开春"，北方叫"接神"。

"开正"的时刻每年不同，要根据"皇历"来决定，但大致都在早晨以前。当开正的时刻来到时，每家都鸣放爆竹，在神佛前供上称为"甜料"的红枣、冬瓜、花生、糖果，并且烧金纸一同祭拜，这就是流行于台湾的"开正"典礼。

春节这天，大家都要"贺正"，也就是互相拜年，说"恭喜发财""四季如意"等吉祥话；拜年时常带着一大叠红纸片，用毛笔先写上自己的名字，如果主人家也出去拜年时，可以留一张表示自己来过了。

唐朝时还有些长安人士过新年时在园林或郊野举行"探春之宴"，《开元天宝遗事》说："都人士每至正旦午后，各乘车跨马，供帐于园圃或郊野中，为探春之宴。"或探春、或走春，目之所及，无非是一团春意罢了。

正月初二

正月初二的礼俗大致和正月初一相同，无非是出门拜年，在家玩牌罢了。

玩牌是新年里最流行的娱乐之一，一则手边多了一份双饷的薪水，因收到不少压岁钱，有了"赌本"；再则新年三天里警察不抓赌，赌博仿佛成了可以公开的、合法的娱乐。新年里人们赌博的方式有打麻将、推牌九、掷骰子、打梭哈、捡红点等。只在过年时试试手风，倒也是无可厚非之事。

初二这天，嫁出去的女儿纷纷带着丈夫"回门"，俗称"迎婿日"。中国人的习俗认为在新年这天嫁出门的女儿不能回门，回门会把娘家吃穷；在年初二以后才能归家。

在大陆北方，正月初二这天各家祭财神，祭品为公鸡、活鲤鱼；并吃形似元宝的馄饨，称为"元宝汤"。在晚清百本张钞本中有一首北京俗曲《祭财神》说："新正初二，大祭财神，点上香蜡把酒斟，供上了公鸡猪头活鲤鱼，一家老幼行礼毕，鞭炮一声惊天地。"可见习俗之一斑。另江南人则多半在正月初五接财神。

正月初三

据传说，正月初三的夜晚，是老鼠举行结婚典礼的佳期，所以这天避免深夜点灯，大家都尽量提早上床。以免打扰了老鼠的喜事，并且在家中撒些盐、米、糕屑，表示收成丰厚而与鼠共享之意。也有民俗说熄灯的目的是要让老鼠结婚的行列，因为黑暗看不见路而无法顺利结成，这样可以防止老鼠大量繁殖，而为害庄稼谷物。同样一件习俗，两种不同解释，说明了有好生之德的农夫却憎鼠耗物的矛盾复杂的心态。

正月初三又叫"小年朝""赤狗日"。赤狗是躁怒之神，遇之则不吉，而"小年朝"这天，例应祀祖祭神，所以古代中国人年初三大多不出门、不宴客。

正月初四

正月初四是"接神"或"迎神"的日子。原来年前腊月二十四日是"送神"日，下界诸神都在送神时升天，向玉皇大帝朝贺述职，报告一年来下界人间行为的善恶，到了正月初四这天，再回到下界来继续监督人们；家家户户便在初四接神了。

有句俗话说"送神早，接神迟"，意思是腊月二十四日一早就把神送上天，正月初四接神时却多半在过了中午以后。接神时除了供上牲醴、果品、酒菜，并且焚香、点烛、烧金之外，还要燃放爆竹和烧全副武装的"神马"

美髯关公

"甲马"和天兵。

这些神马与天兵多半是木刻印刷的版画，目的是派这些天兵去请神，让神坐在神马上返回下界。有一个故事说某家人请神请了半天，家神还不回来，经过扶乩，才知道烧的神马因原木版一再复印而略有损坏、画上的马脚有一只是断的，所以他没法回来。

正月初五，俗传是五路财神（或称"路头神"）生日，各商店开市，都一大早就金锣爆竹、牲醴毕陈，以迎接财神，称为"接路头"。在清人顾铁卿《清嘉录》里，引了一首清人蔡云的竹枝词，描写苏州人初五迎财神的情形说："五日财源五日求，一年心愿一时酬；提防别处迎神早，隔夜匆匆抢路头。"也有些商家信仰关帝圣君（关羽），而在正月初五这天给关公供上牲醴、鸣放爆竹、烧金纸膜拜，求关帝圣君保佑一年都大发利市的。

交年卜事频

"一夜连双岁，五更分二年"的除夕，在民众看来肯定是一个特殊的日子；同样，作为岁之首、月之首、日之首的新正春节，无疑也是一个这样的日子。由于这个日子的独特，在民俗社会人们的观念意识中，它也就被蒙上了一层神秘的帷幔。人们相信这样的日子是最具巫术意义的，于是便加以利用。对除夕、春节巫术利用最突出的例子之一是占岁。所谓占岁，也就是占卜一年的阴晴雨旱、庄稼收成、人事命运等，显然，新故交替的除夕、春节是进行这种巫术活动最有效的时日。

占岁所占的"岁"是十分丰富的，一年中的风雪晴雨、旱涝洪泛、庄稼收成、家畜生长、钱财利禄、聪慧愚钝、吉凶祸福等，都在所占之列。占卜的方法也是多种多样的，各地的人们往往利用当地的"资源优势"创制独特的占卜方法。就占卜的时间而言，有在除夕夜间的；有在春节清晨的，总之是在交年时的最佳时间。下面略举数例以说明这种习俗：

新年十兆：一鸡二犬，三猪四羊，五牛六马，七人八谷，九麻十豆。何日天阴，不见太阳落山，则以为年内将损此物。凡正月之日，一鸡、二狗、三猪、四羊、五马、六牛、七曰人日，其占晴为祥，阴为灾。是月上旬，以阴阳验物丰耗。谚云："一高（谓高粱）、二棉、三蚕、四麻、五黍、六豆、七谷、八麦、九果、十菜"。晴为丰，阴为耗。（《大城县志》）初一芝麻初二花，初三荞麦初四麻，五黍六豆，七谷八麦，九果十菜。（《新河县志》）。

看风云。农人（春节）岁朝晨起，看风云以卜田事。谚云："岁朝东北风，五禾大熟；岁朝西北风，大水害农功。"（《中华全国风谷志·江苏吴中》）

秤水。自岁朝至十二日，以瓶汲水，秤其轻重，以卜岁中水旱。自春节至十二日，当一岁之月，重则其月多水，轻则旱。（同上）正月五更时，农家（将）秫秸一节擘开，依次挖十二孔，以配十二月，即以大豆十二枚置其中，线缠合之，质明开视，数至某月豆涨大，则某月多雨。（《固安县志》）春节日早餐，仍为扁食，唯添扁条少许，美其名曰"金丝穿元宝"。面食内预包制钱一文，若食得之者，本年内必有大庆。（《中华全国风俗志·河南沁源》）制馄饨时，或包银少许，或包钱数枚，俗有抢金锅、银锅之说。（《虞乡县新志》）

此类的占岁之举还可以举出好多。除了这些之外，还有一些历史悠久、风格独特的占岁活动，如照田蚕、镜听等。

照田蚕为江南旧俗，时在腊月二十五日或除夕，其俗是夜间在田头点燃高高的火炬，遍照田野，以卜或祝来年蚕丝谷物丰收，故称。宋人范成大《腊月村田乐府》序云："村落则以秃帚若麻秸竹枝辈燃火炬，缚长杆之杪以照田，烂然遍野，以祈丝谷。"明高启《照田蚕词》小序亦云："吴俗，除夜田间燃高炬，谓之照田蚕。"清顾禄《清嘉录》引经据典，对此解说颇详。从占岁的角度，兹以高启《照田蚕词》以见其概：

> 东村西村作除夕，高炬千竿照田赤。
> 老人笑祝小儿歌，愿得宜蚕又宜麦。
> 明星影乱栖鸟惊，火光辟寒春已生。
> 夜深燃罢归白屋，共说丰年真可卜。

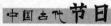
　　镜听是旧时除夕普遍流行的一种习俗，即怀里揣镜子到街上暗听人言，以卜一年的吉凶休咎。《中华全国风俗志·浙江临安》记江南此俗，"除夕，……更深人静，或有祷灶请方，抱镜出门，暗听市人无意之言，以卜来岁休咎者。"河北《怀来县志》记北方此俗："除夕……好事者俟夜静祷于灶神，抱镜出听人语，以卜一岁吉凶。"镜听之俗古已有之，唐代诗人王建即有《镜听词》。此外也有怀揣杓子听的，或者无所怀而直听的，后者也叫"响卜"。此俗也泛称"耳卜"，李渔《蜃中楼》的传奇第一出中柳毅说："世上人有心事不明，往往于除夕之夜，静听人言以占休咎，谓之耳卜。"宋朱弁《曲洧旧闻》云："《王建集》有《镜听词》，谓怀镜于通衢间，听往来之言，以占休咎。近世人怀杓以听，亦犹是也。又有无所怀而直听之者，谓之响卜。"

　　镜听、照田蚕都具有"卜"的性质，除夕的另外两项活动——卖痴呆和打灰堆，尽管也有巫术的意味，但已经不是卜而是"祝"了。所谓"卖痴呆"，就是小儿在除夕沿街寻人呼喊，如果有人应答，就算把痴呆卖给了他。此俗多流行在江苏一带，时间在春节。《岁时广记》引《岁时杂记》云："春节五更初，猛呼他人，即告之曰：'卖与尔痴呆'。"元人高德基《平江记事》中更详载了卖痴呆所唱歌谣："吴人……每岁除夕，群儿绕街呼叫云：'卖痴呆，千贯卖汝痴，万贯卖汝呆，见卖尽多送，要赊随我来'。"

　　打灰堆也叫鞭粪，即在除夕五更时鞭打粪土堆，以祈一年如愿。这种风俗流行在宋时吴中，也叫"打如愿"。这种习俗的形成与一则传说相关，《录异传》记其事。又旧题唐冯贽《云仙杂记·如愿》云："有商人过清湖（《录异传》称彭泽湖），见清湖君，君问所需，商曰但乞如愿。君许之，果得一婢，如愿即其名也。商有所求，悉能致之。后因正旦，如愿晚起，商人挞之，走入粪堆不见。今人正旦，以细绳系棉投入粪扫中，云乞如愿。"乞不行，于是便打，于是就有打灰堆之俗。

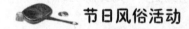

节日风俗活动

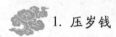

1. 压岁钱

　　孩童时代，过年最盼望的事也许就是压岁钱了吧！

压岁钱是长辈发给晚辈的。有的家里是吃年夜饭后，人人坐在桌旁不许走，等大家都吃完了，由长辈发给晚辈，并勉励他明年更努力用功、好好做人……有的人家是父母在夜晚子女睡熟后，放在他们的枕头下的；更有的人家是小孩子们联合起来，齐集正厅，高呼爷爷奶奶、爸爸妈妈新年快乐，列队跪拜而后伸手要红包。甚而追讨到爷爷奶奶的卧房，一齐跑到床沿，大嚷特嚷"压岁钱！压岁钱！"老人家还嫌不够热闹，故装小气，由讨价还价到围攻搜索，最后把老祖宗的钱袋挖掘出来，大家抢掠一空，呼啸而散，老人家却乐不可支地说："这是今年事事顺利的预兆。"

压岁钱

如果是怕时光飞逝，企图用压岁钱来压住逝去的一年的话，怕是做长辈的收压岁钱更为恰当。

2. 祭祀祖先

春节子夜，直到大天光，各地时间不一，不断地有人家行礼、拜天地、迎神、祭祀祖先。祭祀祖先时，把祖宗们的牌位依次摆列正厅，牲醴酒浆、纸马香帛，都是整洁齐备，然后长幼依序上香跪拜毕，分别侍立供案两侧。有些思亲至切的子弟，矮凳侧坐，陪守通宵达旦而不辍。也有的人家在祭祖时，是贴上木刻版画以代替祖宗牌位的。

各地祀祖的礼俗颇有别异，像清雍正年间刊印的浙江省《常山县志》卷四说："春节拜祖先遗像或牌位，谓之'拜真'。"清嘉庆年间刊印的河北省《枣强县志》卷十六说："正月初二日上坟，俗名'送爷娘'。"清同治年间刊印的江西省《宜黄县志》卷八说："春节，子孙必至祠拜祖，孩提均至，按丁给煎饼。"民初刊印的山东省《泰安县志》卷六说："初一、二拜家堂，称祖宗觅'家亲'，而不敢称为神。"多半的人家是在家祭拜祖先牌位或神马，从初一到初三每日晨昏，都有这番礼拜，充分表现了中国人慎终追远、百善孝为先的传统美德。

3. 开门爆仗

中国人在节日喜庆的场合里，最不可少的就是爆仗了，这也是孩子们最期待的活动了。爆仗最早称爆竹，是把竹节置火中烘烤而爆裂发出巨声，用来赶鬼驱邪的意思。而春节放爆竹兼有吉庆和除旧布新的象征，因此春节开门，第一件要事是燃放爆竹。

清人顾铁卿在《清嘉录》卷一中描述苏州人过新年放爆竹时说："岁朝，开门放爆仗三声，云辟疫疠，谓之'开门爆仗'。"清人百一居士在《壶天录》卷上，也描写北京人过新年放爆竹："京师人烟稠密，甲于天下。富家竞购千竿爆竹，付之一炬，贫乏家即谋食维艰，索逋孔亟，亦必爆响数声，香焚一炷；除旧年之琐琐，卜来岁之蒸蒸，此习尚类然电。"

新年放爆竹在中国有着悠久的历史。在 1500 年前的南北朝时期，梁人宗懔于《荆楚岁时记》里便说："正月一日是三元之日也，春秋谓之端日，鸡鸣而起，先于庭前爆竹以辟山臊恶鬼。"当时或许只是江南荆楚一带地方性的风俗，后来慢慢传到全中国，各地无不在新年燃放爆竹了。

4. 收节账

大陆上的商店，向例于端午、中秋、除夕三节结账，尤其到了农历年关，欠账务求了清。所以一到除夕这天，各店纷纷派人，手提标明店号灯笼（备夜间照明）登门收账。

商店人家吃过年夜饭，店里的柜台上就点着一对红蜡烛、一只风灯。红蜡烛是岁烛，风灯是供给往来的收账人看账目用的。黄昏开始，街头上提着灯笼收账的人便往来不绝了。进门寒暄片刻，便把账簿展开来看一看，大约有多少，假如看见管账先生拿不出钱来，他们会很客气地说声："等一会儿再算。"就告辞。

第二次再来时，他们拿出算盘来确实地算出数目，先打一个折扣，再去掉零头，得到一个该付的实数。如果店里仍没钱，或收账的人家还没把外面别人欠的钱收回来，他们会说："再等一会儿吧！"收账的人也很客气地满口应允。

一直收到除夕的夜半子时，当新年一到，不管收齐没有，都彼此恭贺新禧后告辞，欠账也不再收了。中国人情味之厚，于此可见。

 5. 守岁迎年

吃完年夜饭，时已半夜，但是不能睡觉，这叫"守岁"。守岁有两种含义：年长的人是"辞旧岁"，有珍惜光阴的意思；对年轻人来说，有为父母延寿的意思，所以凡是父母健在的人，都必须守岁。

但是光坐着会打瞌睡，于是便用些茶点瓜果，边吃边谈，广东人叫作"茶素"和"煎堆"。也有的人家开始推牌九、掷骰子、赌梭哈、打麻将……喧哗笑闹之声造成形除夕欢乐的最高潮。

当第一声爆竹自远处响起，午夜交正子时，新年便来临了。

 6. 拜年

拜年是除夕的节日活动之一，其中包括两项活动：一是向诸神、祖先拜年，这是祭祀活动的根本原因，除夕傍晚，人们都把家谱、祖先像挂出来，摆好香炉、供桌，黄昏后开始祭祀活动。胶东还有上坟请祖先回家过年的风俗。德州地区各户家长必到村口跪下，请远居另一个世界的祖先回来团聚。与此同时，也向天神、土地神等等跪拜。其中以祭天神最为隆重，如山东居民皆在院内以席、箔搭棚，俗称"天地栅子"，贴春联，用松、柏树枝装饰一新，摆好供桌，供奉"天地三界十方万灵真宰君之神位"。有的地方还请玉皇大帝、地母娘娘。供品有羊、五菜、五色点心、五碗饭、一对枣糕、一大馍，俗称"天地供"。由家长主祭，烧三炷香，叩拜后，祈求丰收，最后烧纸，象征"送钱粮"。《中华全国风俗志》下篇卷三《江苏》："过年，择日悬神轴，供佛马。具牲醴糕果之属，以祭百

给老人拜年

神。神前开炉炽炭。俗呼圆炉炭。锣鼓敲动，街巷相闻。送神之时，多放爆仗，有单响、双响、一本万利等名，或者置编成百千小爆，焠之，连声不绝。"此外苏南地区还有在除夕祭井神、祭床神仪式。有些地区则在除夕迎灶神。在以上祭祀中，既是年终谢神，也是对诸神的拜祭，祈求来年五谷丰收，人丁平安。

另一种是向健在的长辈、亲友拜年。一般是在年夜饭后，全家人都会集一堂，由小辈向长辈叩头拜年，长辈则给小辈"压岁钱"。并加以教诲、鼓励，进行传统的家教。当然，这种教育也可寓于讲故事中。《燕京岁时记·压岁钱》："以彩绳穿钱，编作龙形，置于床脚，谓之'压岁钱'，尊长之赐小儿者，亦谓之'压岁钱'"。如果贪睡的孩子已入梦乡，老人也要给他留一份，压在其枕头下。压岁钱除用朱红绳穿系外，也有用红纸或红绸包好的，作为给小儿的红色礼物，祝贺他们健康成长。

综观除夕节的活动，有两个目的：一是祈求新年丰收。江苏有"画米囤"风俗，即用编孔小蒲包袋，内贮石灰，在户外、囤外打印成元宝、矢戟诸形，以求发财、平安。其中的矢戟有避邪之意。胶东乳山在除夕夜必走进果园，向每棵树砍三刀，小孩围果树转三圈，祈求果树实多，小儿健康。民间还以除夕的天气占卜来年的丰收。谚语曰："岁朝宜男四边天，大雪纷飞是旱天；最好立春晴一日，农夫不用力耕田"。山东德州农民在除夕要提灯入麦田，把灯放在地头，人在另一头趴下，看麦苗长势，以定丰歉。这些都是祈求农业丰收，祈求物质生活丰实。另一目的是求子。如山东鄄城过除夕时，要打扫院子，把水缸盛满，于院内放好芝麻秸，唱"撒岁"歌：

东撒岁，西撒岁，儿成双，女成对。全是胖小，都往家里跑。

《中华全国风俗志》下篇卷三《江苏》："孩儿灯，此灯用泥制成，俗云此灯系送子观音迎来。送至不生育人家，即能生子。故望子情殷之人，遇人去送孩儿灯，彼必酒食相待，感谢莫名，且将此灯供于堂前。设此泥偶手足，或有损伤，则以为将来生子，必遭残疾。"

由此看出，祈求农业丰收，人口繁衍，是除夕节活动的重要目的，这一目的在年画、剪纸、春联中都有反映。

少数民族的传统节日

中国是一个统一的多民族的国家。在55个少数民族中，节日之多，难以计数。除了大的节日活动以外，平均每天总有若干个民族在过各种各样的节日。这些节日活动的参加者，少则几百人，多则上万人，甚至十多万人。每逢节日，人们总要盛装打扮，置办酒宴，歌舞欢庆。有的还要举行一定的传统仪式或宗教活动，其内容丰富多彩，情趣盎然。下面就让我们一起看看少数民族丰富多彩的节日与习俗。

第一节
蒙古族和东北民族的节日

蒙古族盛典—— "那达慕大会"

    在我国的北方，有着辽阔的草原，草原上牧人庆贺丰收的节日就是"那达慕"。据说起自汉代。"那达慕"蒙古语是"游戏""娱乐"之意，举行"那达慕"的时间多在春夏之交，从五月开始，到七八月间，草原上五畜肥壮起来，乳液丰富，是蒙古人开始扎挤马奶的时节，也是酿制马奶酒的美好季节。全蒙古草原步入"乳食为主的白色季节"。蒙古人称乳食品为"白色的食物"。13 世纪或更早以前的蒙古人的历法把 6 月叫作"草月"，8 月叫"牛奶月"；以古代蒙古人的习俗，8 月为"白月"，即正月之说。直到 20 世纪初，布里亚特蒙古人还沿用着这一历法称谓。牧人说："那达慕不是每年都举行，视草的情况和牲畜的情况而定，草好畜肥的时候就举行，否则就不举行。一般一年或三年举行一次那达慕。"

    秋日的草原吸引了无数草原儿女，草原上搭起了无数的帐幕。牧人从四面八方奔向草原——就像奔向母亲的怀抱。旧时，"那达慕"大会期间要进行大规模的祭祀活动，喇嘛们要焚香灯，念经诵佛，祈求神灵保佑，祝福草原牛肥马壮，人畜两旺，消灾灭难。牧人的"那达慕"往往与祭祀敖包一起进行。

    通常在祭祀敖包之后举行"那达慕"。人们在"那达慕"前冠以"耐亦日"，"耐亦日"为聚会的意思。作为"那达慕"一词的定语，却界定了当时"那达慕"活动的场合和目的，即只有在举行"耐亦日"——喜庆盛会的场合才有"那达慕"，即它不是平时随意举行的活动。它的目的是为喜庆活动助兴。"那达慕"是牧人男子展示雄姿的时刻。主要表演男子的三项竞技运

那达慕大会

动——骑马、摔跤、射箭。

赛马是衡量一个蒙古族男子有无本领的重要标志，是一项最能够表现蒙古族男子勇气和智慧的项目。赛马比赛可以追溯到匈奴时代，当时的赛马少则数百骑，多则千骑，人们策马驰骋，场面如海涛般奔涌。在明代的文献里也记载有大规模的围猎的场景，声势浩大的围猎就是锻炼弓、马及射击的表演场。从元代开始被列为男儿三技之一。

按照游牧民族的习俗，弓箭是男子必带之物，也是珍贵的馈赠物。游牧民族男子不仅个个能骑善射，女子也擅长骑射。参加射箭比赛的不分男女老幼，弓箭的样式、弓的拉力以及箭的长度和重量及射程都因民族、区域和人而定。射箭比赛可分为立射、步射和骑射。立射，即站立射靶。步呈八字，重力在下，弓的弹力与人的弹力相和谐，故能射中。步射，即边走边射。骑射，即跑马射箭，游牧民族多直乘鞍上，无拱背坐马之势，在疾驰如飞时，左顾右射。

游牧民族离不开强弓利箭，其射箭比赛用的是牛角弓、皮筋弦、木制箭、铁箭头，箭靶有用毡牌靶，也有用兽皮制作的，游牧民族的箭袋用牛皮制作。射箭的场面非常壮观，英姿飒爽的射箭手都穿上节日的盛装，在马上纵横驰骋，宛若鱼游于水，没有高超的骑马本领，很难在马上左弓右射。射手要在颠簸的马背上纳弓、抽箭、搭箭、发箭，箭支一定要在规定的跑道上射完，如果没有射完，那是很不光彩的。

与骑马射箭相媲美的游戏是摔跤，摔跤不仅是力量的角逐，也是智慧和技巧的角逐。一般摔跤参加者的年龄、体重没有严格的区别，摔时也没有一定的程式，比赛开始，两人互抓对方的腰带拱身对顶，尽力拼搏。蒙古族的摔跤有其特点：第一，参加比赛的摔跤手人数必须是 2 的乘方数，如 8、16、32、64、128、256、512 等。第二，比赛胜负采取单淘汰法。第三，蒙古族摔跤的最大特点是不许抱腿。其规则还有不准打脸；不准突然从后背把人拉倒，不准触及对方眼睛和耳朵；不许扯头发、踢肚子或膝部以上的任何部位。

摔跤的场面宏阔、壮观。会场中画一圆圈，中铺沙土为摔跤的场所，分为东西两组。在各组中，或先由两人入场，手舞足蹈，意思是像雄狮一样勇敢。开始争斗，以压倒征服对手为胜。或东西相同之数组，同时入场争斗，其被压倒者被扶起后，表示敬意与歉意。每组各备善歌舞者数人。每当摔跤进行到最为激烈的时候，祝赞词开始唱起，嘹亮的祝赞词是激发摔跤手的最后的勇气和信心。无论是否得奖，身心都得到极大的欢愉。

在欢快的赛场上，还进行"赛布鲁"、套马、赛骆驼等体育活动。当激烈的比赛结束之后，马头琴响起的时候，牧人纵情歌舞，意犹未尽。在"那达慕"大会上，牧人还要进行大规模的商品交易活动。

蒙古族的"那达慕"已被列入国家首批非物质文化遗产保护目录。

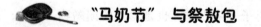 ## "马奶节" 与祭敖包

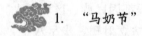 ### 1. "马奶节"

蒙古族的草原节日活动都是随季节而进行的。当春季来临时，万物复苏，原野披绿，五畜繁殖，此时草原上要举行祈求五畜兴旺的祭祀活动；当奶食季节开始和结束时，草原上要举行"马奶节"和"禁奶祭"；给牲畜打戳子、剪羊毛，打鬃、擀毡时还要举行庆贺集体劳动成果的庆祝宴会。

内蒙古自治区锡林郭勒盟部分地区的蒙古族牧民过的一个节日叫"马奶节"，每年8月底举行，为期一天。这是人们为祝健康、幸福、吉祥而过的盛大节日。

节日期间，人们主要食用奶制品，如奶干、奶酪、奶豆腐等，并要杀羊宰牛、炸果子、煮手抓肉。节日前一天，把奶桶挤满，发酵，酿成奶酪，一大早牧民们骑马或坐"勒勒车"赶往会场。当太阳升起时，该节日的主要活动项目——赛马便开始了。参赛的全是刚年满2岁的小马，它们象征着草原的兴旺、发达，也唤起人们对马奶哺育的感激和敬意。赛马场上，人欢马叫，气氛热烈。骑马技术高超的小伙子，头扎彩绸。腰系五颜六色的彩带，随着发令枪响，他们催马向前，人们为之呐喊助威，取胜者将得到物质奖励。而后有摔跤、拔河、投掷，以及唱歌跳舞等文体活动。

在举行"马奶节"的庆祝会场，正面坐的是长者，建设草原的英雄模范和旗、乡干部及应邀而来的尊贵客人，左右两边是男女牧民、儿童等，过路人也可参加。会上村长向众人敬酒干杯，向受人尊敬的蒙医献礼。有的朗诵为"马奶节"写的诗；有的拉起扎彩绸的马头琴，载歌载舞，节日从早到晚持续整整一天。

2. 祭敖包

祭敖包是蒙古族的传统习俗，是草原民族崇尚自然思想的表现形式之一。锡林郭勒盟是祭敖包习俗保存较为完整的地区。蒙古族崇尚的"敖包"，也叫"脑包""鄂博"，意为"堆子"，以石块堆积而成，一般都建在山顶或丘陵之上，形状多为圆锥形，高低不等。

古代敖包的建立和祭祀比较简单，由祭师宣布，选择某一座山或丘陵作为敖包的所在地。人们在这个地方用土或石头建成堆子，举行若干仪式后就建成了敖包。以后附近的居民每年都要到这里祭拜，祈祷人畜兴旺。藏传佛教传入蒙古族聚集区后，祭敖包的形式发生了一些变化，但牧民对敖包的参拜祭典却始终不变。

祭敖包的仪式通常在每年农历五月至七月间举行。有的一个旗、一个苏木独祭，也有的几个苏木、几个旗联合祭祀。祭敖包从日出之前开始，仪式隆重、严肃。所有参加者都要围绕敖包沿顺时针方向转三圈，边转边向敖包滴洒鲜奶和酒，然后在敖包正前方叩拜，将带来的石头添加到敖包上，并用柳条、哈达、彩旗等将敖包装饰一新。祭敖包仪式结束后，便要举行"那达慕"活动，牧民们无拘无束，自由欢乐地参加摔跤、赛马、射箭等传统体育活动，引吭高歌，翩翩起舞，并聚在一起举杯畅饮。

在内蒙古地区，呼伦贝尔盟的鄂温克族也有类似信仰，每个氏族都有敖包，还有全族共同行祭的敖包，也有鄂温克族的敖包会节日。

鄂温克族的敖包会每年一次，一般在农历四、六月间选择吉日举行。祭敖包时，要宰牛羊等牲畜，作为祭品。节日期间，大家要先在一起赛马。赛马多由中青年男子参加，赛马惊险的动作往往显示出高超的技艺，不断地获得四周各族群众的欢呼喝彩。赛马完毕，喇嘛们就在敖包前焚香燃灯、诵经、致祭。之后，再进行摔跤、歌舞等活动。

鄂温克族人认为，祭敖包就是祭山神、祭龙王，目的是祈祷山神、龙王保佑禳灾避难，风调雨顺，人畜两旺。

内蒙古地区的祭敖包也已经被列入国家首批非物质文化遗产保护名录。

东北的"摸黑节"

居住在我国东北的达斡尔族，将农历正月十六日看作"黑日子"，每年此日为"黑灰日"。一家男女老幼黎明即起，双手上沾满油和锅底灰，你追我逐，争着往对方脸上涂抹。青年们把这一天视为快乐的节日，姑娘们虽然被抹得满脸黝黑，却感到分外高兴。老年人虽不参加相互追逐，但也在额头上抹一点黑灰，以示吉利。有的传说此项活动是为了预祝丰收，也有传说认为此日是"鬼日"，脸上抹黑是为了不让鬼怪认出自己。

在锡伯族中也有类似的节日，每年农历正月十六日是"抹黑节"。黎明，他们就要挨门串户互相往脸上抹黑。

传说是古代锡伯族以渔猎为生，后来一对老夫妇救活了受伤的燕子，燕子衔来麦种作为报答。于是锡伯族人开始种麦为生。巡天神知道后，派神犬告诉大家，以后人吃面粉，狗喂麸皮，各有所食。但有一年新年时，一个年轻媳妇不慎将面饼烙糊后喂狗。巡天神知道后大怒，使麦种长了黑色霉菌，播种后全部结黑籽，无法食用。于是全村人向巡天神祈祷请求恕罪，愿往自己脸上抹黑，以免小麦再生黑霉。巡天神应允了，但用手在麦根处由下往上一捋，将走了麦秆上所有的麦粒，只留下尖端处的一截麦穗，所以从此麦子的产量就没有过去那么多了。以后每年的正月十六，巡天神下凡巡视的日子，就成了锡伯族的"抹黑节"。

年轻人在这一天的清早，手里拿着浸透清油、沾有锅底黑烟煤的"库肚苦"，挨家行走，只要遇见人，不分男女，就往他们脸上抹油烟，即使没有起床的人，也会被人闯入家门涂抹。尤其是年轻的姑娘、媳妇更被人团团围住，抹得如同黑炭。但锡伯族普遍尊敬老人，如遇老人时，要先下跪求得老人同意，然后才半跪着给老人抹脸，或由老人自己动手抹。据习俗，这一天如果有人未被抹黑睑，就会一年不吉利。所以锡伯族人在节日时，都会开心地相互抹黑，笑语欢声，怪相百出，成为一个富有特色的节日。

第二节
少数民族的敬牛节

中国人在祝福或祈祷畜牧业丰收时，最爱说的吉利话就是"六畜兴旺"。六畜牛为首，牛与人类的生产生活有着十分密切的联系，因此在民间传说故事中到处可以看到牛、牛神的身影。相传中华民族传说中的重要人物——炎帝的后裔蚩尤，就是"牛首人身"，汉代以来的蚩尤像多作牛首，而今西南地区的苗族则多传为蚩尤后裔。在中国南方的稻作文化区，人与牛的关系更为密切，因此各地都在农历四月初八——传说中牛神的生日这天，举行各种敬牛的节庆活动。

布依族与侗族的敬牛节

布依族就在传说中牛王生日这天过"牛王节"，也叫"牧童节"。贵州荔波一带，每逢这个节日要做黑糯米饭敬"牛王"，而望溪县一带则要给牛喂四色糯米饭，有的地区不但要做糯米饭还要宰鸡备酒祭祖，并用鲜草包糯米饭喂牛，把牛牵到池塘或溪边洗澡，让牛休息一天，表示人们对耕牛的爱护和酬劳；独山黑寨与荔波、阳凤两县交界地区，家家户户用苦酊茶、紫泉酒和五色花糯米饭等敬牛、喂牛，还要用枫叶水给牛洗澡，以示慰劳。布依族在"牛王节"当天，除举行隆重的祭祀和庆典、用酒和糯米饭喂牛的仪式外，个别地区还要举行斗牛、赛马、对歌、跳舞等娱乐活动。

广西龙胜一带的侗族，在立春以前，就要围着耕牛忙碌，修牛栏，制灯笼，准备青草、糯米粑和甜酒等。到立春这一天傍晚，前面要用灯笼开道，后面跟着以竹编纸糊的"春牛"，由两个青年舞动，最后面走着由劳动能手和能歌善说的人扮演的农民夫妇。他们代表全村，舞到每一户农家，便向主人祝贺"春牛登门，风调雨顺"。而主人则燃放鞭炮迎送，并赠送给红糖、粑粑等礼物，用迎春牛的节日拉开春耕生产的序幕。在春牛舞队走遍各家以后，就在平地举行歌舞会，不仅演出模仿劳动的舞蹈，而且举行包括农事知识问答的对歌。到农历六月初六，贵州榕江、车江地区的侗族还要过一个"洗牛节"，家家牵牛下河，为其洗身，并杀鸡鸭为牛祝福，愿耕牛清洁平安。据侗族老人传说，耕牛是牛魔王变的。当初，牛魔王受玉帝委派向人类传达旨意，误将"天皇赐你们一日三餐肚子饱"说成"天皇赐你一日三餐肚子还不饱"，结果害得人们忍饥挨饿。于是牛魔王便被贬到人间，帮助人们苦力耕作，以作为传达旨意失误的补偿。侗家人为了感谢耕牛对农业发展的贡献，于是便每年过洗牛节。云南省丽江一带的纳西族地区每年农历六月二十日至三十日，九月十日至三十日，也要举行两次"洗牛脚会"。这两段时间正是春、秋农事大忙以后，需要稍事休整，于是人们在上述两段时间内任选一天，全村举行聚餐，并洗刷耕牛，喂它12个麦饼和一捆青草，还要在牛栏上挂一串麦饼以表慰劳之意。

壮族的牛魂节

壮族地区则把敬牛的节日称作"牛魂节"，也叫"牛王节""脱轭节""牛王诞节"，节日多在农历四月初八，但也有在五月五、六月六或七月七举行的。壮族地区相传：牛曾是天上的神物，奉旨到人间播百草。牛王脑瓜笨，命它三步撒一把草，他误认为一步撒三把草，结果杂草遍及大地。天帝罚它不许再上天庭，在人间永远吃草。而四月初八是牛王诞辰日，牛王要到凡间探视耕牛，保佑其不患疾病瘟疫。还有的说法是耕牛在春耕期间被人呵斥鞭打而失魂落魄，过"牛魂节"意为慰劳耕牛，为耕牛招回魂魄。

因此在壮乡不管四月初八农活多忙，都要让耕牛休息，不准骂牛更不准挥鞭打牛。认为倘若打牛，把牛魂惊走，就会影响农事。壮民在牛栏门口贴四方形红纸，设桌祭祀，同时家家户户要蒸煮五色糯米饭过节，并给牛吃甜酒和五色糯米饭。人们把牛牵到水草丰茂的地方，让牛自由自在地吃个饱，主妇清扫牛栏，撒上石灰，放上新的干草。牧童则轻轻为牛刷背，让牛舒舒服服地过节日。节日里，人们聚在一起唱歌，敲击铜鼓以示庆祝。广西的壮族农家，在新年正月初一日，要让小孩到河滩边牵"石牛"回家。认为凡是有洞的石块，就是"石牛"，可以用牛绳穿着，牵回家中，"养"在牛栏，求得一年中牛只兴旺，免病消灾。

云南少数民族的敬牛节

云南省兰坪县的傈僳族认为：在古代时，牛生活在天上，过得十分舒适。后来它见到地上人间傈僳族吃苦涩的野果为生，心中十分不忍。于是在一年春天，背着天神，将藏在葫芦里的五谷种子洒向了人间，使人间开始有了五谷成长，傈僳族摆脱了饥饿的困境。天神因此发怒，把牛驱逐到人间。傈僳族将其养在家中，但牛看到人们耕作劳苦，又主动出来拉动犁耙，帮助种庄稼。天神见人间生活渐渐美好，又放出冰霜、虫灾，进行捣乱、迫害。牛在耕作之余，为了保证作物成长，又上天与天神理论，不让各种灾害得逞，为傈僳族立下了汗马的功劳。因此每年农历六月初五日，这里的傈僳族人民都要过"浴牛节"。在这一天，不仅家家要给牛洗澡，并要煮一锅放盐的稀饭，用来喂牛。由家中最年长的妇女向牛祈祷，希望它在天神面前，多多求情，免灾无害，庄稼丰收。

仡佬族和黔东南地区苗族的牛王节，是在农历十月初一，又称为祭牛节、敬牛节、敬牛王菩萨等。到这一天，不仅要停止役使耕牛，还要用最好的饲料喂牛，要在两个牛角上各挂一个用糯米做的糍粑，并牵它到水塘边照看影子，使它高兴。同时取下牛角上的糍粑喂牛，为牛王祝寿。在海南岛黎族地区，也以每年七月或十月间的牛日为牛过节。居住在五指山中心的黎族合亩制地区，到了这一天，亩头要在家中敲锣打鼓，为牛招魂。他们将宝石视为牛魂的象征和牛群繁殖的福气，所以要在家中用盆洗涤宝石，以求牛的强壮兴旺。人们还在牛王节时跳"总兵"舞，祈求作为家庭财富的牛群的发展。

云南省西北山区的彝族黑话人支系，在每年立冬要过一个"颂牛节"，用以感谢一年来牛的勤劳耕作。到那时，人们用洋芋和萝卜分别制作黄牛和水牛的模型，以玉米穗做尾，荞麦粒或玉米粒做眼，用麦穗尖做角，以荞麦秸或玉米秆做腿，然后将制成的牛模型放入一个大簸箕内，置于牛神崖前的草坪正中。草坪周围竖12根松木，上边挂着有荞麦、燕麦、玉米的红绸。由一个老歌手带领，人们牵来挂有红绸的耕牛，绕着簸箕踏歌而舞，歌颂耕牛的辛劳及精心饲养耕牛和获得丰收的农家。最后将牛模型和以荞麦饼、燕麦炒面、玉米糕与切成段的燕麦秸所混合成的精饲料赠送给上述有突出成绩的人家，以奖励对耕牛的爱护和农业上的成就。获奖的主人，当场将得到的饲料喂牛，用彩线编成"牛轿"，载着牛模型，歌舞过寨。回到家中以后，将牛模型供于堂屋，作为传家宝物珍藏，充分显示了对耕牛的重视。

云南省的哈尼族在农历三、四月的犁耙栽插春耕大忙结束以后，要在五月初过"牛纳纳"（哈尼语，意为"牛歇气"）节日。就是让备受辛劳的耕牛在这一天歇歇气，接受人们对它的敬意。到了这一天，人们采摘紫泽兰草煮出紫色水汁，用以染糯米饭，并杀一只公鸡，以供神祭祖。祭毕以鸡肉、肉汤拌糯米饭喂牛，同时进行祝告，并让牛上山自由游牧，啃食青草。另一方面，人们于当天清晨用紫水洗脸擦身，表示洗掉春耕中的劳碌疲惫。还要洗净一套衣服，象征脱净从事栽插时放纵唱情歌的山野习气。就这样，耕牛和人们都欢乐地度过休息喜庆的一天。对于耕牛的重视和为它过节，是我国南方农业民族的一大特色。

知识链接

土家族的"牛王节"

土家族在过"牛王节"时，人们盛装聚集牛王庙，以酒、肉、米粑上供，还要吹唢呐、放鞭炮、跳摆手舞以娱乐牛王。据说过去土家族刀耕火种，生活艰苦，后来由于牛王下凡，帮助耕作，又与五谷神商议，让谷物每穗结子九九八十一粒，使人间得以饱食。但却因此触怒天帝，贬牛王来到人间，长期耕地，不得食肉和饭，只准吃草，而且还要反刍。但人们却感谢它，不仅为它修了庙，而且定四月十八日为牛王节，届时让它休息，给它披红挂彩，喂以精良饲料，而且杀猪宰羊，到庙里祭祀，真诚地表示感谢之情。

第三节
少数民族的泼水节

西双版纳的 "泼水节"

"泼水节"是傣族、德昂族、布朗族、阿昌族、佤族等少数民族共同的年节，柬埔寨、泰国、缅甸、老挝等国也过"泼水节"。"泼水节"，傣语又称"楞贺尚罕"，即傣历新年，每年公历 4 月 12 日左右举行，节期为 3~4 天。第一天叫"腕多桑刊"，意为除夕，最后一天叫"腕叭腕玛"，意为"日子之王到来之日"，为新年春节。中间叫"腕脑"，意为"空日"。德昂族、布朗族、佤族与傣族时间相同，阿昌族"泼水节"则在农历五月廿三举行。

泼水的习俗源于印度，是婆罗门教的一种古老宗教仪式，后被佛教吸收，成为佛教的一种仪式。在大约 700 年前，经缅甸，随小乘佛教传入云南西双版纳地区。随着时间的推移，泼水仪式逐渐演变为"泼水节"，因此，傣族

"泼水节"又名"浴佛节",但节日期间,除祭祀、浴佛外,庆祝与欢娱的活动日益增多,场面更为壮观。

现在,"泼水节"已成为西双版纳、德宏地区等地少数民族最隆重的传统节日,一般都在"宛恼"这天举行。在众多民族的"泼水节"中,以傣族的"泼水节"历史最久,场面最热闹,影响也最大。

傣族泼水节

关于泼水节,傣族民间有这样一个传说:古代神将一年划分为旱、雨、冷三季,并把人间播种、中耕、收获的时间,交给另一神掌管。但该神胡作非为,下雨降温不按时,使人间冷热无常,旱涝频仍,瘟疫流行。最高天神英打拉提知道后,便扮成小伙子结识该神的7个女儿"串姑娘",暗中告诉她们父亲的恶行,使这7个姑娘联合起来,大义灭亲。但她们父亲的头颅落地以后便会生火灾,姑娘们没法,只好轮流抱着父亲的头,不使落地。每当轮换下一人后,姐妹们便打水来冲泼在前一个姐妹的身上,以冲去秽气污臭。

傣族泼水民俗活动

傣族百姓为了纪念这几位明晓事理的姑娘，所以每年也在人间泼水，为她们洗身祝福。这个传说，为泼水节增添了扬善抑恶的正义精神。

在节日来临前，傣族家家户户便忙着宰猪、宰鸡、酿酒，还要做许多"毫诺索"（年糕）以及用糯米做成多种粑粑，在节日里食用，同时要制新衣，收拾房屋，家里焕然一新。节日一般都分上山采花、赕佛、献佛、沐佛、泼水祝福、跳舞娱乐等几个过程。

傣历新年的第一天清早，人们先用采来的鲜花绿叶到佛寺供奉，担来碧澄清水为佛像洗尘。然后群众性的泼水活动才开始。开始泼水时，彬彬有礼，姑娘们提着一小桶掺有香水的凉水，用树枝蘸水向长者、来宾脖后轻轻泼洒，以表示祝福，这是礼节性的泼水。泼水进入高潮时，只见一群群男女青年，用铜钵、脸盆盛水，涌出大街小巷，嬉戏追逐，逢人便泼，从头到脚，全身湿透。"水花放，傣家狂"，"泼水节"成了狂欢的节日，平时彬彬有礼的傣家少女，顿时活跃起来，不甘示弱的与小伙子们对泼。水花在空中飞舞，传递着吉祥与祝福。这是吉祥的水，祝福的水，人们尽情地泼，尽情地浇，不论是泼者还是被泼者，都异常高兴，笑声朗朗……

"赶摆"与"丢包"是"泼水节"的重要活动之一。在新年的第一天举行。"赶摆"也是野外联欢活动。"丢包"是傣族未婚青年在节日期间最为浪漫而含蓄的活动。姑娘手中的花包，是她们精心制作的，花包内装有棉籽或绵纸，花包四角和中心缀着五条花穗，这是姑娘传情的信物，所以称为丢包传情。"丢包"开始时男女青年分为两个阵营，相距三四十步。起初，姑娘们似乎无目的地把花包丢向对方，要是小伙子接不住姑娘丢来的花包，就把事先准备好的鲜花插在姑娘的孔雀髻上，姑娘接不住小伙子丢来的包，就把鲜花插在小伙子的胸前。渐渐的，姑娘与小伙子有了默契，相互选中了，姑娘手中的花包会准确地丢向目标，小伙子也会稳稳的把花包接在手里。飞舞的花包，含蓄地传递着傣家青年男女纯洁的情感，浪漫地表达着傣家青年追求恋人的方式。

"泼水节"期间，在宽阔的澜沧江上，要举行划龙船比赛。赛龙舟一般在新年的第二天举行。水船扎以彩花，装扮成龙、孔雀、大鱼等形象，由数十个男女青年奋力划桨前进，两岸观众如云，锣鼓声、喝彩声响彻云霄。赛龙舟活动已成为傣历新年节日活动中场面最壮观、最激动人心的一项活动，把"泼水节"推向高潮。

夜晚，傣族各村寨还要燃放自己制作的焰火，称作"放高升"。用一根数丈长的竹子，在根部填以火药等配料，置于竹子搭成的高架上。点燃引线，火药燃烧，竹子即如火箭一般飞入云天，在空中喷放出绚丽烟火，到处是花团锦簇，群星闪耀，光彩夺目，把节日的夜空妆点得特别美丽。夜晚，傣族青年要围着篝火，这时，能听见独具特色的章哈演唱，大家在"金芯"、铓锣、象脚鼓的伴奏下跳起欢快的舞蹈，有的跳"孔雀舞"，有的跳"白象舞"，也有的跳"玉腊呵舞"，跳到深夜，甚至通宵达旦。

知识链接

泼水节

傣族泼水节，又名"浴佛节"，傣语称此节日为"比迈"，意即"新年"；西双版纳和德宏地区的傣族又分别称此节日为"尚罕""尚键"，两词均来源于梵语"samkranta"，意为"周转""变更""转移"，指太阳已经在黄道十二宫运转一周开始向新的一年过渡。布朗族、德昂族和阿昌族也过此节日。柬埔寨、泰国、缅甸、老挝等国也过泼水节。

泼水节的起源与小乘佛教的传入有密切关系，其活动包含许多宗教内容。但就这一节日以泼水为主要活动的原始意义来说，也反映出人们征服干旱、火灾等自然力的朴素愿望。

德昂族泼水节

德昂族"泼水节"与傣族的"泼水节"比较相似，但又有所不同，多在农历4月中旬左右举行。德昂族的"泼水节"也有一个美丽的传说：古时候天上仙女们羡慕人间美景，就悄悄地飞到人间。在一次洗澡中不慎被人们发现，仙女们含羞披衣飞回天庭，临别时赠语德昂族先民，只要在每年清明节后给佛洗身，互相泼水，上天就会降福给人间。从此，德昂族每年举行"泼水节"以祈福。

　　临近节日前，德昂族百姓忙着准备制作新衣，做米粑，制好水龙、水桶等泼水工具。老年人则齐集佛寺，搭建"泼水节"时为释迦牟尼雕像洗尘的小屋，架好水龙。节日当天，大家齐集寺院，姑娘提桶端盆，把吉祥之水倒入槽中、流向佛像，为佛洗尘。然后，由德高望重的长者手持鲜花，蘸水轻轻地洒向周围的人群，向大家祝福，祝贺新年的开始。然后，年轻人要将水桶高举头顶，将水滴洒在老年人的手上，祝愿人们生活快乐、健康长寿。老人们则伸出双手，将水捧在手中，口念祝词，为年轻人道喜、祝福。之后，大家在象脚鼓的前导下，排成长队，拥向泉边、河畔，唱歌、跳舞，互相追逐、泼水。

　　同傣族一样，德昂族的"泼水节"也是男女青年谈情说爱、寻找心上人的好时机。但与傣族的"丢包"不同，德昂族则流行在"泼水节"前赠竹篮子，趁夜深人静串姑娘时，将最漂亮的篮子送给自己最喜爱的姑娘，以此表达爱意，试探对方的反应，而答案只能在"泼水节"这天揭晓。姑娘究竟钟情于谁，要看泼水节姑娘背的是谁送她的那只竹篮。因此，"泼水节"这天，德昂族的姑娘们人人都背上一个精致美观的竹篮，小伙子们则睁圆双眼，紧盯着姑娘们身上的竹篮，仔细辨认着心上人所背的是否是自己所送的竹篮。一对对情人相遇后，便互相尽情地泼水、嬉戏，以表达自己激动、喜悦的心情。

阿昌族泼水节

　　云南德宏一带阿昌族的"泼水节"，又称"桑建节"或"浇花水节"，节日来源于阿昌族的椎栗树神桑建战胜恶魔给人们带来幸福的故事。每年农历五月廿三举行，节期4天。节日第一天，身着盛装的青年男子会集起来，进山采椎栗花。行进途中，要有人在队伍前面挥舞阿昌刀，其他人边放枪边走，采花前还要放鞭炮。采花返回时，一路上要敲象脚鼓。留在村里的妇女们则要准备好苏子粑粑，听到枪鸣，立刻到村外迎接采花队伍。小伙子们向姑娘献上椎栗花束，姑娘们将粑粑献给小伙子。吃完粑粑，大家一起边歌边舞回村。村里的老人们则在广场上立好竹竿，迎接采花队。人们把椎栗花一圈圈扎在竹竿上，搭成花塔或花轿。夜晚，人们围着花塔、花轿，载歌载舞到深夜。第二、三天的活动主要是浇花，男子敲响象脚鼓、铓锣等，扛着四色彩旗在前面开路，姑娘们则排成一长串到河里挑清水来浇花塔、花轿，并用清水沐浴花轿里供着的佛像。第四天是节日的高潮，人们互相泼水祝福，但阿昌族的泼水则要文雅许多。首先要请村子里50岁以上的老大妈按年龄依次排成一排，姑娘们将清水泼洒在老人们的衣袖或手里捏着的汗巾上，以示消除灾难祝福长者长寿。然后，未婚男女青年互相泼洒，要求器具干净和泼的水清澈。泼水时还得先用歌声问对方是否同意，同意后由男的先泼，女的后泼，并互相祝福，说声"阿弥陀佛"。泼完后，有情者则相约到草地或山坡上对歌，直到太阳落山才散去。

布朗族的"泼水节"也称"厚南节"，也是布朗族最重要的传统节日。节日来源于布朗族关于太阳月亮的传说，所以也称为"迎接太阳的节日"。因此，节前人们事先在村东搭一彩棚，在太阳还未升起时，大家即穿着一新，带上摆着糯米、酒、肉和芭蕉的小篾桌，来到彩棚处，随着太阳的冉冉升起，由村中德高望重的老人主持迎接仪式，人们迎着太阳载歌载舞，然后就地吃早餐，吃完早饭，列队到佛寺中堆沙、插花、浴佛，用树枝蘸水向老人滴洒，然后青年男女则互相泼水以示祝福。泼水一般在山寨的水池边举行。节日期间也有与傣族青年男女一样玩"丢包"的游戏，还经常举行一种特殊的游戏——打竹球。

水是圣洁、美好、光明的使者，是生命之神，互相泼水，就送去了最真诚的祝福，满身湿透，吉祥平安。因此，节日期间泼水送去祝福已广为南方地区少数民族认同，在许多节庆活动中也都有类似的仪式与习俗。现在，傣族"泼水节"已被列入国家首批非物质文化遗产保护名录。

知识链接

阿昌族的"偷鸡头"

　　阿昌族有一个特别有趣的习俗，那就是"偷鸡头"。"泼水节"期间，姑娘家要备好8大碗菜肴招待来串门的小伙子，等参加聚餐的人数相符，大家才落座入席。而小伙子要在别人不察觉的情况下把姑娘家的鸡头偷走，如鸡头被姑娘查出来，要罚偷鸡头者一碗酒，否则就要罚姑娘喝酒。如果偷者被人当场抓住，不仅要受罚，还要被姑娘取笑；酒后小伙子要根据菜价，将钱在不让姑娘察觉的情况下交给姑娘。

第四节
少数民族的祭神节

阿昌族和怒族的祭神节

　　云南省梁河一带的阿昌族认为，古时候没有天和地，只有"混沌"。后来从"混沌"中闪出光，才有了明和暗、阴和阳，以及天公"庶帕麻"和地母"庶米麻"。庶帕麻用五彩石造了天空，又用雨水拌金沙做成太阳，用雨水拌银沙造了月亮，最后以自己的乳房分别做了太阳山和月亮山，从此男人就没有了乳房。地母庶米麻则拔自己的脸毛织成大地，从此女人们没有了胡须。随后血流成海，宇宙有了生机。天公与地母结合，产生了人类。天公教会人类进行狩猎、熟食和建筑房屋，地母则教会人类掌握刻木记事，用占卜和咒语驱赶疾病与灾难。为此阿昌族民众要在每年农历的二月五日、五月二十八日、六月二十五日等三次过地母祭的节日，每次都有祭祀活动。第一个节日是祈求地母护佑全寨平安，那天忌下地做工，也不准外人进寨，每户要出一男子去集合聚餐；第二个节日是为了祈求地母保佑牲畜兴旺，祭后，要一起商讨牧畜方面的事情；第三个节日则是希望地母保佑五谷丰登，粮食满仓，届时全寨聚集，设供焚香，祭毕将沾有鸡血和贴有鸡毛的竹片插在每块田里，并念咒语，以求驱除鸟兽虫害，保障丰收。所有祭地母活动都在大青树下举行，祭时不得动土，也不能舂米，整个节日充满了宗教气氛。

居住在云南省兰坪县的怒族，自称若柔人，信仰万物有灵，崇拜山川、河流、森林、巨石、太阳、月亮等自然景物。每年要举行"祭山林节"，由全族男子参加。他们集中在山上的一片神林之前，由巫师主祭，杀黑羊祭祀。祭毕，就地煮羊肉会餐。通过祭山林节的活动，求得神灵的护佑。

哈尼族的 "艾玛突"

哀牢山区的哈尼族，每年二月第一个属龙日的"艾玛突"，即"祭寨神"的节日，是他们最大的宗教祭典。据传说，古时这里有一个魔王吃人，由村寨轮流供奉。有一年轮到寡妇艾玛的家里出人供魔王享用。艾玛请能通神达鬼的咪谷巫师同魔王谈判，说如果每年嫁给它两个美女，就要改掉吃人的习惯。魔王答应后，艾玛将自己的两个儿子打扮成姑娘，送给魔王。这两个男扮女装的青年，趁魔王大喜饮酒之机，拔刀杀死了它。从此，足智多谋的艾玛成了保护村寨的神，一连5天的祭寨神的节日"艾玛突"也形成了。每个村寨的寨神艾玛以一棵高直粗壮的大树作象征。树根有一块长一米、宽三四十厘米的长石板作祭台，称作神石或寨石。节日期间，外人准进不准出，全寨成年男子都参加祭典，从中选出没有丧偶的身体强壮的男子9人，协助咪谷祭祀。祭品有猪心、肝、头、脚、肉等，祭毕各取少许放入3只碗中，埋于神石之下。其余当场由众人分食。然后选两名英俊小伙扮成美女，在乐队伴奏下游寨一周，入神林与装扮的魔王成婚。酒宴中"美女"刺杀"魔王"，寨民们持木刀、木棰、木矛等挨家挨户清除"小妖"。然后用一根结实的稻草绳挂在寨门两边的树上，一端拴鸡，一端绑狗，称作"金鸡神狗守寨门"。并且要举行祝贺节日前出生的婴儿和祭水神、祭神林的活动。祭寨期间，未婚男女不参加活动，他们徜徉于山林之间，约会对歌，但不得单独幽会。姑娘给小伙敬烟筒、点烟。男青年则在约会后，背着装满糯米饭与鸡腿的小背篓，送姑娘们回家。

哀牢山区哈尼族"艾玛突"祭寨神的节日，也穿插了青年人的社交往来。

在其他地区的哈尼族，也于农历二月属龙日举行"阿玛施"的祭寨神节日。但其起源传说与活动内容有所不同。传说远古时人与鬼是兄弟，后来不和分了家，但鬼常跑到村寨来捣乱。人告到天神摩咪处，摩咪就让自己的儿女变作树木，在村寨外成为护寨女神，并教人在二月龙日到鬼居住的林地去敲锣打鼓，升火烧灰，镇住鬼妖。届时，先由巫师挥动长刀，将寨中的瘟神、火神送走；各家将涂有狗血的木刀、棍悬于村口断路，不让妖鬼进入。每家出一男子到寨神树前共杀一头纯黑大猪，用猪头、猪腿献神，其余平分给各户食用。如有不生育的妇女，可去神树前怀抱祭过神的猪腿，以求怀孕生子。

彝族与其他民族的祭神节

居住在云南昆明西山大、小勒姐村的彝族过去还有"祭太阳神节"和"祭太阴神节"。前者在农历十一月二十九日举行，届时村中小庙内贴有用五色纸剪贴的"太阳菩萨"大字，下供雕有类似太阳的莲花图案的供品。全村居民来此敬香叩头，念诵《太阳经》7遍，祈求太阳神保佑农业丰收，人畜

彝族火把节

兴旺，经过这个节日的祭祀，使得这里"荣日耀明月，星宿多辉煌，俯察于地里，四时不反常"。到了农历三月十三日，又要举行祭太阴神节，在当晚月光皎洁之时，老年妇女聚集到村中小庙，在黄纸剪贴的"太阴菩萨"字下，以豆腐片、土豆片、油炸荞丝和米饭、水果等作供品，向月神磕头敬香，念《太阴经》7遍及《太阳经》3遍，祈求月神护佑家人无病无灾、平安兴旺。

云南省宁蒗县永宁一带纳西族的支系摩梭人过着母系家庭的生活，他们崇拜当地泸沽湖畔的格姆山（又称狮子山）上的女神，每年农历七月二十五日要过一个"转山节"。人们身着盛装，携带美酒佳肴去格姆山上祈祷，并举行各种文娱活动。据说女神原来是一位善织麻布的美丽姑娘，她十分聪明能干，能将所见的鲜花绿草、自然风光织进麻布之中，使一位男神爱上了她。于是在七月二十五日这天他用狂风将她摄上了天，使得当地的百姓无比惊慌。后来男神终于放了姑娘，但她已无法回到人间，就成为了格姆山上的女神。每当遇到风暴或野兽到来时，女神会大声呼喊，向摩梭人报警。于是摩梭人每逢姑娘遇难之日，便到格姆山下祭祀女神，并欢乐聚餐，举行抢抱酒罐的比赛，等等。通过节日来感谢女神对人间的眷恋，保佑这一带人畜平安，农业丰收。在农历七月十五日的时候，他们也举行拜瓦哈山的活动。据说过去有西藏活佛阿包奇者来到这里，看到雄伟的瓦哈山，就告诉当地的摩梭人，要崇拜祭祀男性的瓦哈山，就会生活兴旺。因此在农历七月十五日又形成了一个朝拜瓦哈山的节日。

在一部分傣族、彝族中，也有祭拜山神的节日。居住在云南省勐腊县的傣族，每年有祭拜山神的"紧刁巴拉"节日，分农历二月初二和三月初七两次举行。不许女性参加，每年举行的为小祭，每隔三年要大祭一次。二月初二日全寨男性聚集点香，以祭品祭拜山神。并由成年男子轮流将年长老人拿来的一个鸡蛋设法予以竖立，每人试做3次。如成功者，即为当年"庙主"，主持祭祀事宜。如无人能竖蛋成功，则由上届庙主之子继任。三月初七的一次较为隆重，要在寨外神树旁南北二方先搭两个草棚，南面的为寨神房，主祭为世袭。北面的为山神房，主祭可以轮流。人们布置神房后，摆上各种供品，主祭者念祷辞通告山神，并割破鸡颈，用以卜卦。如果卜得吉卦，则要出猎，以获得野兽，否则作罢。最后，参加祭祀者要杀猪宰鸡，饮酒进餐，共度节日。

第五节
青藏高原的丰收节

　　由于历史原因，该地区少数民族的社会、经济发展极不平衡，分别居住在山区、半山区、高寒地区和坝区，从事的生产方式有农业、林业、牧业、狩猎业和渔业等，语言不同、宗教信仰不同，佛教、道教、伊斯兰教以及儒教思想在这里共存，有些民族的原始崇拜依然存在。正如生态人类学理论指出的：文化与环境，技术与资源，存在着一种动态的互动关系。西南地区如此迥异的地理、人文、信仰，造就了迥然不同的节日文化，具有丰富多彩而不同于其他地区的风俗。

望果节

　　望果节，"望"，藏语意为"田地"，"果"为"转圈"。汉语音译也可理解成"祈盼秋天果实累累"，守望丰收，预祝丰收，期盼着一年的辛勤劳动能有个好收成。藏区农村，除了藏历年外，就数望果节最热闹。

　　望果节没有固定的节期，一般在谷物成熟之前举行。旧时约定俗成是大雁南飞前过节，具体的日期由寺院喇嘛掐算。根据农事的安排，过节的日期各不相同，拉萨从阳历8月初开始，节期3~5天。江孜、日喀则等地则在阳历7月中旬。

　　望果节已有1500多年的历史。据《苯教历算法》记载，早在公元5世纪末，即布德贡杰时期，雅砻地区已开始兴修水渠，使用木犁耕地。为了农业丰收，藏王布德贡杰便向苯教教主请求赐以教旨，教主教农人绕田地转圈巡游，求"天"保丰收，这是望果节的最早记载。

苯教统治时期，"望果"活动，以村落为单位，全体乡民出动，在庄稼地的三岔路口燃起松柏枝煨桑，然后绕本村土地转圈游行。队伍由捧着炷香和高举幡杆的人引路，接着由苯教巫师举"达达"（绕着哈达的木棒）和羊右腿领队，后面跟着本村手拿青稞穗和麦穗的乡民，意为"收地气"、求丰收。巡游之后，把谷物穗插在谷仓或供在神龛上，祈求今年好收成。随后，进行娱乐活动，有角力、斗剑、耍梭镖等。后来，哪个教派在西藏占统治地位，"望果"活动便渗入哪个教派的色彩。

"望果节"第一天是娱神活动。村中的头人把男女巫师请上神坛，并向他们献哈达、献青稞酒，请他们降神做法。降神之后，巫师带领人们绕村子转3个圈，然后回到节日活动场地。大家在场地上熬茶，在树荫草地上尽情歌舞。

节日的第二天，藏民穿着民族服装，带着经书和唐嘎等法器，老年人和小孩子坐在马车上，姑娘和小伙子们或者背着青稞酒；或者提着酥油茶；或者拎着菜盒子，聚集在田间地头巡游。每个转田的人，都要在自己家的地里拔几根青稞穗，带回家供在谷良或神龛上，意为带来了谷物的灵魂，丰收就有了保障。转过地头之后，人们钻进树林，用石头垒成灶，燃起野火，一起跳锅庄舞，熬茶炒菜、做饭，举行野宴。然后举行赛歌、赛马、赛牛、射箭、抱石和摔跤等活动。还有一些地方的人们，打着各色彩旗，抬着用青稞穗、麦穗搭成的"丰收塔"，举着标语，敲锣打鼓，唱着歌曲，绕田边转地头。

雀可节

雀可节是西藏错那县门巴族民间农祀节日。门巴族沿用藏历，节日也与藏族基本相同。雀可节也多在每年藏历七八月份择日举行，节期3~5天，其意为预祝农业丰收。

节日期间，每个村子都会请一两个红教喇嘛来念经，全村的男女老少要跟着喇嘛绕庄稼地一圈，大家共同祈求风调雨顺，庄稼不遭虫害。在喇嘛到村子里念经祈祷期间，村子要派一个人到喇嘛家干活，作为喇嘛为村民服务的报酬。门巴族虽主要是信仰藏传佛教，但还有浓厚的原始宗教信仰残余，雀可节期间的许多仪式，都能发现多神崇拜的迹象。仪式过后，全村在宽敞的地方唱歌跳舞，表演一种叫作"错木"的门巴戏剧。

旭独龙节

在西藏东南部珞瑜地区的珞巴族，庆贺一年平安和预祝来年丰收的节日名叫"旭独龙节"，又称"洞更谷乳木"，在珞巴族自己的历法的2月间举行。

节日前夕，人们忙着舂米、酿酒、宰猪、宰羊。有些地方还将宰的牛、羊连皮割成一块一块，分送给同族亲友。把牛头盖骨悬挂在自己家里，世代相传，作为辛勤劳动和富足的象征。

过节这天，由"纽布"（巫师）手执一根贴满五彩羽毛的棍子，在村寨里挥舞念经，全村人身着盛装，围拢在一起欢歌起舞，祈祷丰收。第二天清晨，雄鸡啼鸣之时，家家都要宰一只鸡，鸡肉用油炒熟后由全家人分享，以祝来年全家身体健康。各种仪式结束后，各家各户聚在一起饮酒吃肉，

欢庆的独龙节

兴高采烈的小伙子，即兴跳起民间舞蹈。这些终年劳动的人们，肌肉发达，身体健壮，在奔放、粗犷、有力的舞姿中，迸发出生命的活力。夜幕降临之后，大家围坐在篝火旁，纵情狂欢，老人借歌追忆部落的古老历史，男女青年在一起对歌相互倾吐爱慕之情，一直持续到篝火熄灭。一些珞巴地区习惯在年节举办婚事，欢度节日又加婚宴喜庆，使人们沉浸在无比欢乐之中。

珞巴族的"昂德林节"，意为丰收节，也在每年收割前择日举行。临近节日，男人上山打猎，女人收取少许谷物，做熟后请村中老人尝鲜，剩下的喂狗。节日期间，全村男女共同欢宴，晚上喝酒对歌直到天亮。歌词主要是关于农业的起源和男女的贡献。珞巴族认为是男子开天辟地，才使女人们有了可以耕种的田地，女子则发现了种子，学会了种田收获了粮食，酿出美酒，保证了民族的繁衍。这一节日带有一定的宗教色彩，既庆丰收祈祥福，又祭祀祖先和鬼神。

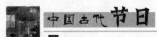

知识链接

藏族其他节日

藏历 4 月相传是佛月，4 月 15 日又是释迦牟尼诞辰及圆寂的节日，因而这个月，藏族人都要朝佛念经，磕长头，禁止屠宰牲畜，积功德，并祈祷丰收。藏历的 5 月 15 日，是林卡节，意为世界快乐日。这一天，人们都会穿着节日的服装，带着酥油茶、青稞酒和各种美味食品到林卡野餐。

7 月 1～30 日为雪顿节。时值三大寺夏季法会之期，由于需供养参加夏季法会的僧众以酸奶，并演出藏戏，故有"雪顿"之名。"雪"即藏语里的"酸奶"，"顿"为观会之意

藏历 10 月 15 日，是仙女节，每年这一天，举行各种降神活动，尤其是妇女们更为积极，认为这是她们的节日。10 月 15 日是燃灯节，纪念宗喀巴成道，西藏各地寺院和俗家的屋顶上点燃了无数的油灯，以示纪念。藏历 12 月 29 日是驱鬼节，各寺举行跳神活动，以布达拉宫最为盛大，驱鬼消灾，以祈求来年丰顺。

古代节日传统知识

　　节日文化是一种历史文化，是一个国家或一个民族在漫长的历史过程中形成和发展的民族文化，也是一种民族风俗和民族习惯。有深刻的寓意，有的是为了纪念某一重要历史人物，或纪念某一重要历史事件，或是庆祝某一时节的到来，等等。

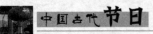

第一节
历法与节气

历法的产生

天文学的实践来源于观察，历法也是在观察的基础上产生的。正如《周易·系辞上》所说："仰以观于天文，俯以察于地理，是故知幽明之故。"我们现在常常使用的"观察"即出自这句话里的"仰观"和"俯察"。古人语："在天成象，在地成形，变化见矣。""象"即日月星辰，"形"即山川动植万物，对天象地形的观察，能看到自然的变化。而天上变化最明显的莫过于日月，因此，推断出古人最早观察的对象应是日月。

在观察时，人们的首个感官就是昼夜的变化，而这个变化跟太阳的升落密切相连，一天的开始在于太阳从东方升起时，一天的结束也在于太阳西落之后。日复一日的这样重复着。昼夜变化与太阳升落给人们的感官以强烈而频繁的重复刺激，自然会在人们的脑海中印下深刻的痕迹，因而形成了最早的时间概念：日。其次，在夜晚的天上，最引人注目的是皎洁明亮的月亮。月亮的圆缺变化引起了人们的重视和兴趣。古人看到月亮由缺到圆，又从圆满到亏缺、消失。几天之后，又开始新的轮回。经过多次循环往复，人们对月亮这种位相变化周期，也就是月相有了认识，从而形成了时间的另一个概念：月。

新月长成半圆形，"其形一旁曲，一旁直，若张弓弦也"（《艺文类聚》卷一），所以叫作"弦"。长成圆形，叫作"望"。以后又亏缺成半圆形，叫作"弦"。"望"之前叫作"上弦"，"望"之后叫作"下弦"。后来再变细小以至消失，像火熄灭一样，看不见光了，叫作"晦"。过几天，天上又重新出现新月，这叫"朔"。

"旧月运行，一寒一暑"，"变通莫大乎四时"（《周易·系辞上》）。四季气候的寒暑变化像日月一样给人们留下了深刻的印象。从寒冷的气候经过一段温暖季节，进入炎热的暑天，又经过凉爽的季节，重新出现寒冷的时节。这种情况虽然多次反复刺激着人们，但由于周期太长，界限并不那么明显，因此对它的认识要晚一些。在寒暑变化的同时，植物也有明显的变化，叶生叶落，花开花谢，也呈现着周期性。寒暑之气的变迁和物候的更替，形成了气候的概念。四季气候的变化，人们开始只是十分模糊的概念，后来才逐渐明确起来，并且日益精密、准确。历法就是这样发展起来的。

阴历与阳历

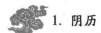

1. 阴历

阴历全称太阴历。它是根据月亮的变化周期来制定的。据史料记载，我国早在 4200 年前就有阴历的叫法。我国的先民们把月亮圆缺的一个周期称为"朔望月"，把完全见不到月亮的一天称为"朔日"，朔日定在阴历的每月初一；把月亮最圆的一天称为"望日"，望日定在阴历的每月十五（或十六）。从朔到望是朔望月的前半月，从望到朔是朔望月的后半月，从朔到望再到朔为阴历的一个月，一个朔望月的天数是 29 天 12 小时 44 分 2.8 秒，约合29.5306 天。两个朔望月大约相当于地球自转 59 周，所以阴历规定每个月中一个大月 30 日，一个小月 29 日，12 个月为一年，全年共 354 日。人们想出每隔 2~4 年，增加一个月，这一年就是闰年，阴历经过这样调整以后，每 30年和月亮绕地球的步调就只差 16.8 分了。

由于月亮围绕地球运转和地球围绕太阳运转速度不均匀，为保持朔日必在阴历每月初一，也要进行调整，因此有时出现一连两个阴历大月或一连两个阴历小月的情况。

 2. 阳历

阳历全称太阳历，为当今世界上大多数国家、地区和民族通用的历法，所以又称"公历"，阳历是以地球绕太阳公转的周期为计算基础的。它把地球绕太阳一圈所用的时间，定为一个回归年，是太阳历的基本周期。一个回归年是 365 日，后经过精密计算确定为 365 日 5 小时 48 分 48 秒，约合 365.

绕地的月亮

242199 日。因此阳历年 365 日，比回归年少了 13.242199 日。为了补足这个差数，所以历法规定每 4 年中有一年再另加 1 日，为 366 日，叫闰年，实际是闰一日。因而阳历的 4、6、9、11 月是小月，30 天；平年 2 月 28 天，闰年 2 月 29 天；其余月份是大月，31 天。

阴阳合历

所谓阴阳合历，就是它既要求历法月同朔望月基本相符，又要求历法年同回归年基本相符，是调和太阳、地球、月亮的运转周期的历法，是一种综合阴、阳历优点，调合阴、阳历矛盾的历法。阴阳合历早在我国夏代时就已制定，因此历史上长期称其为"夏历"。这种历法安排有二十四节气，以指导农事活动，而且主要在广大农村使用，因此称为"农历"，又叫旧历、中历，民间也有称为阴历的。

农历把日、月合朔的日期作为月首，即初一，也是把朔望月的时间作为历月的平均时间。在这一点上和纯粹的阴历相同，但更多运用了设置闰月既和二十四节气的办法，使历年的平均长度等于回归年，这样它既具有阳历的成分，又比纯粹的阴历好。农历基本上以 12 个月作为一年。共 354 日或 355 日，与回归年相差 11 日左右。这样每隔 3 年就要多出 33 天，即多出 1 个多月。为了把多余的日数消除，每隔 3 年就要加 1 个月，这就是农历的闰月。其缺点是平年与闰年天数相差太大。农历平年 354 天或 355 天，闰年时为 383 天或 384 天。

农历是我国古代伟大创造之一。它的特点是：任何一日都含有月相的意义，利用农历日期可以推算潮汐（潮水是月亮的吸引力造成的）。几千年来，我国农村习惯使用这种历法，所以称它为"农历"。我国现行农历的版本，是明末清初的《时宪历》于 1645 年农历乙酉年正式使用的。

 知识链接

为什么农谚常说"立夏无雷声，粮食少几升"？

"立夏无雷声，粮食少几升"这条农谚多流行于陕西关中地区。它是劳动人民根据长期的劳动经验总结出来的一句通俗易懂的谚语。关中的冬小麦多在此时开始灌浆，小麦灌浆时不仅要求有较高的气温（平均气温 20℃ ~ 22℃），而且要求土壤相对湿度在 75% 以上，日温差较大。在这个时段，如果雨水过少，天气干旱，气温过高，便容易出现"干热风"灾害，小麦会出现青干、扎芒、秕粒，导致严重减产；如果阴雨过多，气温低于 12℃，则不利于灌浆，且小麦容易"青干"，也会导致减产。如果此时阵性小雨较多（有雷声）。气温保持在 20℃ 以上，但又不会过高，空气相对湿度及土壤相对湿度适中，则有利于灌浆乳熟，小麦会因此获得高产。因此，此时如果遇到天气干旱的情况。有灌溉条件的地区，应及时浇灌"灌浆水"，保证冬小麦正常生长。

二十四节气与农耕文明

在中华文明的演进过程中，节气规律起着很重要的作用。这从人们口传的很多歌谣、农谚就可看出。像二十四节气歌："春雨惊春清谷天，夏满芒夏暑相连，秋处露秋寒霜降，冬雪雪冬小大寒。每月两天日期定，最多相差一两天，上半年来六廿一，下半年是八廿三。"这按照黄河流域物候总结的二十四节气有着悠久的历史。远在春秋时代，就定出仲春、仲夏、仲秋和仲冬四个节气。以后不断地改进与完善，到秦汉年间，二十四节气已完全确立。公元前104年，由邓平等制定的《太初历》，正式把二十四节气定于历法，明确了二十四节气的天文位置。除了二十四节气歌，还有二十四节气诗："西园梅放立春先，云镇霄光雨水连。惊蛰初交河跃鲤，春分蝴蝶梦花间。清明时放风筝好，谷雨西厢宜养蚕。牡丹立夏花零落，玉簪小满布庭前。隔溪芒种渔家乐，农田耕耘夏至间。小暑白罗衫着体，望河大暑对风眠。立秋向日葵花放，处暑西楼听晚蝉。翡翠同中沾白露，秋分折桂月华天。枯山寒露惊鸿雁，霜降芦花红蓼滩。立冬畅饮麒麟阁，绣襦小雪咏诗篇。幽阁大雪红炉暖，冬至琵琶懒去弹。小寒高卧邯郸梦，捧雪飘空交大寒。"其中形象地描画了不同节气里的风物变化，科学而又有趣。

更能体现节气与农事关系的是二十四节气农事歌。如：

立春：立春春打六九头，春播备耕早动手，一年之计在于春，农业生产创高优。

雨水：雨水春雨贵如油，顶凌耙耘防墒流，多积肥料多打粮，精选良种夺丰收。

惊蛰：惊蛰天暖地气开，冬眠蛰虫苏醒来，冬麦镇压来保墒，耕地耙耘种春麦。

春分：春分风多雨水少，土地解冻起春潮，稻田平整早翻晒，冬麦返青把水浇。

清明：清明春始草青青，种瓜点豆好时辰，植树造林种甜菜，水稻育秧选好种。

谷雨：谷雨雪断霜未断，杂粮播种莫迟延，家燕归来淌头水，苗圃枝接耕果园。

立夏：立夏麦苗节节高，平田整地栽稻苗，中耕除草把墒保，温棚防风要管好。

小满：小满温和春意浓，防治蚜虫麦秆蝇，稻田追肥促分蘖，抓绒剪毛防冷风。

芒种：芒种雨少气温高，玉米间苗和定苗，糜谷荞麦抢墒种，稻田中耕勤除草。

夏至：夏至夏始冰雹猛，拔杂去劣选好种，消雹增雨干热风，玉米追肥防黏虫。

以上所说都恰当地抓住了二十四节气与农事活动的规律，反映了我国劳动人民的经验和智慧。

我国幅员辽阔，不同的地域气候差别很大，这就导致了各地物候"同时而不同气"，在农事活动和风物上也自然存在差别。像华北地区就有"秋分早，霜降迟，寒露种麦正当时""清明前后，种瓜种豆""植树造林，莫过清明"。而江浙地区则有"白露身勿露，赤膊变猪猡""寒露脚勿露"。这其中包含了多方面的文化因素，不仅可看出气候的不同，也能反映各地方言俗语的差别，富有文化意味。黄河中下游有《九九歌》："一九、二九不出手；三九、四九河上走；五九、六九沿河望柳；七九河开，八九雁来；九九又一九，耕牛遍地走。"而东北农谚中则有"立夏鹅毛住，小满雀来全，芒种开了铲，夏至不拿棉""白露炯上架，秋分不生田""立冬交十月，小雪地封严"之说。可见这些谚语、歌谣是人们在当地的生活和农耕生产中的经验总结，也充分说明了节气、物候与农业生产和社会生活的密切关系。

二十四节气作为自古以来人们对农事活动的规律总结，也是中华民族农耕文明特色的体现。我们的先民通过长年的农耕作业，不断积累经验，并参照天文地理，发明了历法，制定了节气，这些宝贵的物候规律至今仍然指导着我们今天的农事和日常生活，民以食为天，农事自来为天下之本，风调雨顺、五谷丰登在今天看依然是我们建设和谐社会、实现民族繁荣富强的基础。

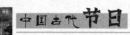

知识链接

二十四番花

古人说："二十四番花信至，三千世界露华浓"。那么什么是二十四番花呢？二十四番花信风，指的是在小寒到谷雨这八个节气内应花期而来的风。这种应花期而来的风就叫做花信风。二十四番花顺序：

小寒：一候梅花，二候山茶，三候水仙；

大寒：一候瑞香，二候兰花，三候山矾；

立春：一候迎春，二候樱桃，三候望春；

雨水：一候菜花，二候杏花，三候李花；

惊蛰：一候桃花，二候棠梨，三候蔷薇；

春分：一候海棠，二候梨花，三候木兰；

清明：一候桐花，二候麦花，三候柳花；

谷雨：一候牡丹，二候酴醾，三候楝花。

岁时的来源与发展

中国民众的岁时观念起源于民众的谋生活动与生活感受，也是传统文化对时间特有的表述。

史前至上古时期是民众岁时观念的启发时期。中国远古的民众通过创造社会生活的分隔来创造时序，所以"岁时"就是中国人创造的独特的时间分隔方式。

在甲骨文中出现的"岁"字，其字形像一把石斧。据考证，"岁"是上古社会的一种斧类砍削工具，卜辞中将杀牲称为"岁"。以工具称名指某项行为，这是古人常用的一种思维形式。"岁"还是一种收割农作物的工具。在一年一熟制的远古时代，收获的时节，民众要杀牲祭神，"岁"成为一种祭祀名称。这种谋生的习俗将自然时辰分成了不同的时间段，由此，岁收之"岁"与岁祭之"岁"就约定俗成为特定的岁时标记，"岁"也延伸转变为年岁之"岁"。

远古先民的岁时信仰与古代原始宗教意识紧密关联，时间的分界点往往以祭祀活动来分隔。"岁"虽然起源于农事节奏，但其外在的突出表现是祭祀活动的周期性。

与"岁"相关的"年"同样源于农作物的生长周期，《说文》："年，谷熟也。"

这种以农作物生长、成熟为时段标志的文化习惯，也是原始先民对岁时信仰寄托于宗教信仰的反映。

时，指自然季节。原始先民对"时"的感受还只是经验知觉。在上古时期，作为节候之"时"的划分还较为简略，初始只有春、秋之分，这与上古民众对气候感受唯有"暑来寒往"的经验有关。"寒暑相推而岁成焉"（《周易·系辞下》）；从农事活动中，先民们在农业经济的生活形态下容易由植物的"春生秋杀""春种秋收"的自然现象形成时季观念。真正有四时四季的出现大概到了商周时期。甲骨文中出现了"时"字。《说文》："时，四时也。从日，寺声。"时从日，时的变化与日有关。四时的出现与四方空间方位有着内在的关联，古人通过对四方空间的天文观察，发现物候变幻、时间流动，这是上古岁时启发期的重要进程。

从岁与时的原义产生之始，它们就表述了远古民众在生产生活经验中逐步形成的时间观念。岁是年度周期，时是年度的季节段落；岁与时的配置，构成中国古代社会的时间标志体系。"岁时"作为时间名称，在上古社会创立以后，始终为中国传统社会沿用。更体现中国人智慧与悟性的是围绕"岁时"而发生的一系列人文活动。"岁时祭祀""岁时伏腊""岁时更续"等特定时间词条常见于经史典籍。

"岁时"的创立发展是漫长的，从观念萌发到"岁时"的命名形成，是上古文化传承至今的重要部分。

第二节
神秘的二十八宿

二十八宿就是二十八星座。二十八宿是以北极紫微宫（北斗星）为中心，发展出东、北、西、南四个方向，并以青龙、玄武、白虎、朱雀等四灵之象称呼它们。

古人观天象认为，天上行星于轨道上的变迁，会影响地上人类的生活。久而久之，人们积累经验，发展出一套由星象之变来预测人类吉凶福祸的理论体系，这也是中国原始的星相学。

 ## 东方七宿——青龙

1. 角宿

东方七宿的第一宿，由室女座的南北两颗星组成。北星小，南星大，连起来之后上面小下面大，形状如同兽角。古人将东方七宿连接起来，想象成一条龙，角宿就是"龙角"。

角宿主造化万物，古人认为如果它明亮，天下就太平。

瓦当青龙

2. 亢宿

东方七宿的第二宿，由室女座的四颗星组成。它是"龙颈"。

亢宿如果明亮，表示没有疾病与瘟疫；如果暗淡，表示有瘟疫与旱灾。

 3. 氐宿

东方七宿的第三宿，由天秤座的四颗星组成。它位于角、亢宿的下方，形状很像植物的根，又名"天根"。它是一条龙的"龙胸"；氐宿也代表瘟疫。

 4. 房宿

东方七宿的第四宿，由天蝎座的四颗星组成。它是"龙腹"。房宿如果明亮的话，表示政治清明，国泰民安。

 5. 心宿

东方七宿的第五宿，由天蝎座的三颗星组成。因为它是殷商时期人们观测星象的标准星，所以又叫"商星"。心宿就是"龙心"。心宿如果明亮，整个社会文明昌盛。

 6. 尾宿

东方七宿的第六宿，又叫作"天鸡"，由天蝎座的九颗星组成。尾宿和箕宿都是"龙尾"。星宿如果明亮的话，表示五谷丰收；相反，就会有大洪灾。

 7. 箕宿

东方七宿的第七宿，又叫作"南箕"或"天汉"，由人马座的4颗星组成。古人把这4颗星连接起来，一方面想象成簸箕，一方面还是归属"龙尾"。箕宿代表着风调雨顺，五谷丰登。

北方七宿——玄武

1. 斗宿

北方七宿的第一宿，又叫"南斗"，由人马座的 6 颗星组成。古人把这 6 颗星连接起来，想象成舀酒的斗状；又与箕宿的簸箕搭配，于是《诗经·小雅·大东》云："维南有箕，不可以簸扬；维北有斗，不可以挹酒浆。"诗中的"箕""斗"指的正是箕宿与斗宿。

古人把北方七宿连接起来，想象成龟蛇的形状，而斗宿与牛宿都是"蛇身"。斗宿如果明亮的话，表示天下太平，人民安乐。

2. 牛宿

北方七突的第二宿，又叫"牵牛"，由摩蝎座的 6 颗星组成的。它和斗宿都是玄武的"蛇身"。牛宿如果明亮，表示六畜兴旺，五谷丰登。

汉代玄武瓦当

3. 女宿

北方七宿的第三宿，又叫"须女"，亦称"婺女"，由宝瓶座的 4 颗星组成的。它被想象成"龟身"。女宿如果明亮，表示妇女昌盛。

4. 虚宿

北方七宿的第四宿，又叫"天节"，由宝瓶座与小马座各 1 颗星组成。虚宿位于女宿的东南方，一上一下额如连珠。虚宿也是"龟身"。

虚宿如果明亮，天下太平，丰衣足食；如果昏暗，则兵乱四起，百姓流离失所。

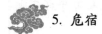
5. 危宿

北方七宿的第五宿，由宝瓶座的 1 颗星与飞马座的 2 颗星组成。危宿也是"龟身"。危宿如果遭其他星座侵犯，表示将有灾难降临天下。

6. 室宿

北方七宿的第六宿，又名"营室"、"玄冥"或"定星"，由飞马座的 2 颗星组成。室宿也是"龟身"。

通常在农历十月的黄昏时刻，室宿会出现在地方正中之处，古人认为这是营造宫室的好时刻，因此又称"营室"。室宿如果明亮，表示国泰民安；如果暗淡，表示生灵涂炭。

7. 壁宿

北方七宿的第七宿，又名"东壁"，由飞马座与仙女座各 1 颗星组成。壁宿也是玄武的"龟身"。壁宿如果明亮的话，表示小人退位，君子主政，国势蒸蒸日上。

知识链接

二十八星宿传说

当天地初现之时，传说天帝派下四兽守卫着人间，它们分别是青龙、朱雀、白虎、玄武。四兽完成使命献身于人间以圣兽之血血祭。从此四方之兽传说开始，举天下之间王者谁也？得四兽之宝物者天下。何为四兽之宝物？天下间无人知晓，然一本四兽天地书记载了四兽如何献身于天地，以血祭祀。其中记载：天下四分五裂之时，天地意象，星相大变，人间四兽之灵重现。托身于世间28人，身上现出二十八星宿字样之人将开启天地灵气之门，所得到四兽之宝物。

西方七宿——白虎

 1. 奎宿

西方七宿的第一宿，又称"天豕"或"封豕"，由仙女座的9颗星和双鱼座的7颗星组成。古人把西方7颗星想象成老虎形状，奎宿就是"虎尾"。奎宿代表的是文章，人间尊它为"魁星"。奎宿明亮，表示任人唯贤，相反则昏君当道。

汉代白虎瓦当

2. 娄宿

西方七宿的第二宿，由白羊座的3

颗星组成。娄宿是"虎身"。娄宿如果明亮的话，表示国泰民安；如果娄宿遭受金、火星的入侵，则兵祸将起。

3. 胃宿

西方七宿的第三宿，由白羊座的 3 颗星组成。胃宿也是"虎身"。胃宿代表民生和社稷。

4. 昴宿

西方七宿的第四宿，由金牛座的 4 颗星组成，它位居西方七宿的中央。昴宿也属"虎身"。昴宿如果明亮，表示天下太平，百姓安居乐业；如果暗淡无光，表示谗言多，忧愁多。

5. 毕宿

西方七宿的第五宿，由金牛座的 8 颗星组成。毕宿也属"虎身"。《诗经·小雅·渐渐之石》之中有"月离于毕，俾滂沱矣"的诗句，其中所言的"毕"，就是毕宿。毕宿代表狩猎和征服。

6. 觜宿

西方七宿的第六宿，由猎户座的 3 颗星组成。觜宿是"虎头"和"虎须"。觜宿如果明亮，表示丰衣足食，如果有移动，表示君臣失位或失和。

7. 参宿

西方七宿的第七宿，由猎户座的 7 颗星组成。参宿是老虎的"前肢"。

在天空中，参宿与心宿（即青龙商星）不但遥遥相对，而且不同时出现，因此古人常用"参商"来比喻亲友间无法相见。诗圣杜甫在《赠卫八处士》

中写道："人生不相见，动如参与商"，就是例证。参宿如果明亮的话，表示风调雨顺。

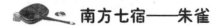 **南方七宿——朱雀**

1. 井宿

南方七宿的第一宿，又叫"东井"，由双子座的 8 颗星组成。古人把南方七宿想象成鸟的形状，井宿就是"鸟冠"与"鸟头"。井宿如果明亮的话，表示国运亨通，建制封侯；如果暗淡或动摇，表示国事不明朗。

2. 鬼宿

南方七宿的第二宿，又叫"舆鬼"，由巨蟹座的 4 颗星组成。鬼宿就是"鸟眼"。鬼宿的中央，有一个白色粉絮般的星团，看起来如云非云，似星非星，好像一团气，叫"积尸气"，也称"鬼星团"。

3. 柳宿

南方七宿的第三宿，又名"无相"，也称"八臣"，由长蛇座的 8 颗星组成，位于鬼宿的东南。柳宿就是"鸟嘴"。柳宿如果暗淡，表示饥馑荒年。

4. 星宿

南方七宿的第四宿，由长蛇座的 4 颗星组成，又叫"七星"。星宿带钩形状，位于柳宿的东南。星宿是"鸟颈"与"鸟心"。

5. 张宿

南方七宿的第五宿，由长蛇座的

汉代朱雀瓦当

5 颗星组成。张宿就是"鸟喙"和"鸟胃"。张宿如果明亮，表示国强民富。

 6. 翼宿

南方七宿的第六宿，又名"鹑尾"，由 22 颗星（巨爵座 11 颗，长蛇座 3 颗，其余 8 颗不明）组成。翼宿就是"鸟翮"与"鸟翼"。翼宿代表礼乐治国，四海归心。

 **7. 轸宿**

南方七宿的第七宿，又名"天车"，由乌鸦座的 4 颗星组成。轸宿如果明亮的话，表示国运蒸蒸日上，天下太平。

图片授权

全景网

壹图网

中华图片库

林静文化摄影部

敬 启

本书图片的编选，参阅了一些网站和公共图库。由于联系上的困难，我们与部分入选图片的作者未能取得联系，谨致深深的歉意。敬请图片原作者见到本书后，及时与我们联系，以便我们按国家有关规定支付稿酬并赠送样书。

联系邮箱：932389463@qq.com

参考书目

1. 佟辉．节令智道．北京：中国社会出版社．2012.

2. 殷登国．岁时佳节记趣．西安：百花文艺出版社．2011.

3. 王炜民．中国古代礼俗．北京：中国国际广播出版社．2010.

4. 周啸天．火树银花合——节令·风俗．南京：凤凰出版社．2009.

5. 袁学骏．岁时节日．石家庄：河北人民出版社．2009.

6. 季鸿崑．岁时佳节古今谈．济南：山东画报出版社．2007.

7. 聂鑫森．中国老节令之谜．北京：新华出版社．2007.

8. 常建华．岁时节日里的中国．北京：中华书局．2006.

9. 黎亮，张琳琳．节令．重庆：重庆出版社．2006.

10. 杨景震．中国传统岁时节日风俗．西安：西北大学出版社．2006.

11. 冯贤亮．岁时节令——图说古代节俗文化．南京：江苏广陵书社有限公司．2004.

12. 李东红．关东节令习俗．沈阳：沈阳出版社．2004.

13. 韩养民，郭兴文．中国古代节日风俗．西安：陕西人民出版社．2002.

中国传统民俗文化丛书

一、古代人物系列（9 本）

1. 中国古代乞丐
2. 中国古代道士
3. 中国古代名帝
4. 中国古代名将
5. 中国古代名相
6. 中国古代文人
7. 中国古代高僧
8. 中国古代太监
9. 中国古代侠士

二、古代民俗系列（8 本）

1. 中国古代民俗
2. 中国古代玩具
3. 中国古代服饰
4. 中国古代丧葬
5. 中国古代节日
6. 中国古代面具
7. 中国古代祭祀
8. 中国古代剪纸

三、古代收藏系列（16 本）

1. 中国古代金银器
2. 中国古代漆器
3. 中国古代藏书
4. 中国古代石雕
5. 中国古代雕刻
6. 中国古代书法
7. 中国古代木雕
8. 中国古代玉器
9. 中国古代青铜器
10. 中国古代瓷器
11. 中国古代钱币
12. 中国古代酒具
13. 中国古代家具
14. 中国古代陶器
15. 中国古代年画
16. 中国古代砖雕

四、古代建筑系列（12 本）

1. 中国古代建筑
2. 中国古代城墙
3. 中国古代陵墓
4. 中国古代砖瓦
5. 中国古代桥梁
6. 中国古塔
7. 中国古镇
8. 中国古代楼阁
9. 中国古都
10. 中国古代长城
11. 中国古代宫殿
12. 中国古代寺庙